Michael Carr-Gregg

Das Überlebensbuch für Eltern von Teenagern

W0178642

Das Buch

Die Kinder kommen heutzutage immer früher in die Pubertät und ziehen meist auch später aus. Also dauert's länger … Das friedliche Zusammenleben unter einem Dach wird nicht selten durch alltägliche Konflikte auf die Probe gestellt. Aber es ist nicht völlig unmöglich mit Teenagern zusammen zu leben – vor allem, wenn Eltern die Strategien verinnerlichen, die Michael Carr-Gregg empfiehlt. Realistisch, pragmatisch und unkompliziert sind seine Tipps und es geht um all die heiklen Themen, die den Alltag mit Teenagern ausmachen: Faulheit, Frechheit, Grenzenlosigkeit, Rebellion, Schule und Lernen, Sex und Liebe, Mode, Drogen, Führerschein, Party und Schlaf, Haushalt, Krieg und Frieden. Mit dem praktischen und humorvollen Rat des erfahrenen Autors bekommen Eltern Hinweise an die Hand, die helfen können, den Hausfrieden zu erhalten.

Der Autor

Michael Carr-Gregg, Dr., ist als Psychologe und Therapeut spezialisiert auf die Arbeit mit Jugendlichen sowie mit Eltern von Jugendlichen. Er gilt in Australien als eine der führenden Autoritäten im Bereich der Jugendpsychologie und ist dort bekannt aus Presse und Fernsehen.

Michael Carr-Gregg

Das Überlebensbuch
für Eltern von Teenagern

Aus dem Englischen von Maria Buchwald
Mit Illustrationen von Ron Tandberg

HERDER

FREIBURG · BASEL · WIEN

HERDER spektrum Band 6634

Für meinen Sohn Rupert

MIX
Papier aus verantwor-
tungsvollen Quellen
FSC
www.fsc.org   FSC® C083411

Die australische Originalausgabe ist erschienen unter dem Titel
»Surviving Adolescents. The must-have manual for all parents«
Text © Michael Carr-Gregg, 2005 / Illustrations © Ron Tandberg 2005
Originally published by Penguin Group (Australia), 2005

Titel der deutschen Originalausgabe: Wie badet man einem Fisch?
Das Überlebensbuch für Eltern von Teenagern
© Kreuz Verlag
in der Verlag Herder GmbH, Freiburg im Breisgau 2011
ISBN 978-3-451-61054-7

Umschlagkonzeption: Agentur RME Roland Eschlbeck
Umschlaggestaltung: Verlag Herder
Umschlagmotiv: © Ron Tandberg
Foto Michael Carr-Gregg: © Penguin Australia

Satz: de·te·pe, Aalen
Herstellung: CPI – Clausen & Bosse, Leck

Printed in Germany

ISBN 978-3-451-06634-4

Inhalt

Einleitung: Seien Sie wachsam, aber haben Sie keine Angst!

Die Pubertät der Kinder ist ganz sicher eines jener natürlichen Ereignisse im Leben einer Familie, das die Anpassungsfähigkeit und Toleranz der Eltern auf eine harte Probe stellt. Heutzutage benötigen Eltern ganz neue Fähigkeiten, Kenntnisse und Strategien, um mit dem Umbruch fertig zu werden, den die Pubertät mit all ihren Veränderungen bedeutet. Forscher gehen davon aus, dass in der westlichen Welt eine von fünf Familien ein heranwachsendes Kind hat, dessen Verhalten so schwierig ist, dass es fast unmöglich ist, mit ihm ein normales Leben zu führen.

In Deutschland leben rund 8,5 Millionen Teenager, Kinder und Jugendliche zwischen 10 und 19 Jahren (Statistisches Bundesamt 2010), in Österreich rund 950 000 (Statistik Austria 2009) und in der Schweiz rund 880 000 (DIJA).[1] Die meisten Jugendlichen werden wohl ohne größere Entwicklungsstörungen oder allzu grobe Verstöße gegen den üblichen Dress-Code durch die Pubertät kommen. Aber es muss auch gesagt

1 Zahlen, Fakten, Adresshinweise und Links aus dem australischen Originaltext werden auch im Folgenden an die Verhältnisse in Deutschland, Österreich und in der Schweiz angepasst.

werden, dass in dieser Zeit viele Teenager ihr Haustier besser behandeln als ihre Eltern – wobei Herumschreien, Türen knallen und dramatische Wutanfälle an der Tagesordnung sind.

Studien aus der ganzen Welt zeigen, dass zu den wichtigsten Faktoren im Leben von Jugendlichen die enge Beziehung zu einem Erwachsenen gehört. Den meisten Eltern fällt es jedoch – wie ich sehr wohl weiß – zuweilen schwer, die erforderliche psychische Stärke aufzubringen; sie leiden unter Zeitnot und haben oft nicht die Energie und auch nicht immer große Lust, abends Informationsveranstaltungen über das Verhalten Jugendlicher zu besuchen, geschweige denn, einen dicken Wälzer über die Entwicklungspsychologie von Teenagern zu lesen.

Deshalb habe ich diese kurze Anleitung verfasst, die erklärt, wie man den Alltag mit pubertierenden Jugendlichen gut meistert. Ich bin der Meinung, dass Ratschläge für Eltern so alltagstauglich und praktisch wie möglich sein sollten. Aus diesem Grund schlage ich nicht nur bestimmte Strategien vor, sondern gebe – wo immer möglich – auch konkrete Tipps. Diese werden Ihnen teilweise vielleicht nicht ganz neu oder geradezu selbstverständlich verkommen. Aber ich weiß aus meiner persönlichen und beruflichen Erfahrung, dass man in der »Hitze des Gefechts« manchmal auch sehr naheliegende Dinge vergisst. Schließlich gilt: Gefahr erkannt, Gefahr gebannt!

Die Erziehung von Jugendlichen kann mit großen Herausforderungen und Schwierigkeiten verbunden sein, vor allem, wenn sie scheinbar ständig Entscheidungen treffen, die jedem gesunden Menschenverstand zuwiderlaufen. Aber es gibt nur wenige Dinge auf dieser Welt, die einen zufriedener stimmen, als das »Ergebnis« solcher Erziehungsmühen in Augenschein zu nehmen. Trotz der entwicklungsbedingten Probleme, mit denen Jugendliche konfrontiert sind, beweisen viele eine wunderbare Charakterstärke und Entschlossenheit und machen uns am Ende alle ungemein stolz.

Michael Carr-Gregg

Der steinige Weg der Jugend

Das Wort »Adoleszenz« kommt vom lateinischen *adolescere*, was »zur Reife heranwachsen« bedeutet. Adoleszenten befinden sich in einer ganz besonderen Entwicklungsphase, einer Übergangsperiode, in der nach und nach eine ganze Reihe (völlig normaler!) körperlicher, psychischer und emotionaler Veränderungen erfolgen. Sie sind keine Kinder mehr, aber auch noch nicht erwachsen, und das ist der Ursprung ihrer Probleme. Sie streben nach Unabhängigkeit und Autonomie, doch sie sind noch immer zerbrechliche, nicht voll belastbare junge Menschen, die im Prozess des Wachstums und der Entwicklung begriffen sind.

> *»Du musst kein Dichter sein, um zu leiden.*
> *Die Adoleszenz bedeutet genug Leiden für*
> *jeden Menschen.«*
> John Ciardi

In der Kindheit vollzieht sich das Wachstum langsam und stetig; in der Pubertät geschieht die Veränderung schnell und dramatisch, da wasserfallähnliche Hormonausschüttungen im ganzen Körper ihre Wirkung entfalten. Jugendliche können unglaubliche Wachstumsschübe haben, manche wachsen bis zu 10 Zentimetern in einem Jahr und legen 9 bis 13 Kilo zu. Leider wachsen nicht alle Körperteile zur gleichen Zeit oder im selben Tempo. Gewöhnlich wachsen die Hände und die Füße schneller als die Arme und die Beine, wodurch Jugendliche oft unkoordiniert in ihren Bewegungen sind (seien Sie daher bitte tolerant, wenn Essen oder Getränke einmal verschüttet werden). Etwa einer von fünf Jugendlichen leidet unter so genannten Wachstumsschmerzen (gewöhnlich kurzzeitig und nachts auftretend), die sich normalerweise als Schmerzen in den Schienbeinen, Waden oder Schenkeln bemerkbar machen.

Die Pubertät ist nicht mehr das, was sie früher einmal war

Wahrscheinlich ist Ihnen schon aufgefallen, dass Jugendliche heutzutage früher in die Pubertät kommen als jemals zuvor, das Elternhaus hingegen später verlassen als in früheren Zeiten. Das Durchschnittsalter, in dem junge Mädchen ihre erste Periode bekommen, liegt heute bei 12 Jahren, während es im 19. Jahrhundert noch bei 16 Jahren lag. Und wohlgemerkt, dies ist nur der Durchschnitt: Eine englische Studie mit 14 000 Kindern aus dem Jahr 2000 ergab, dass eines von sechs

Mädchen bereits mit acht Jahren die Geschlechtsreife erreicht; noch eine Generation zuvor war es nur eines von 100.

Niemand weiß wirklich, warum das so ist. Als mögliche Gründe dafür gelten eine reichliche Ernährung, Östrogen in Haarprodukten, Chemikalien in der Umwelt, ein hoher Prozentsatz von Fettleibigkeit und Wachstumshormone in der Nahrungskette. Neuere Forschungsergebnisse aus Neuseeland weisen darauf hin, dass einer der wichtigsten Faktoren für eine frühe weibliche Geschlechtsreife das Engagement sein kann, mit der sich der Vater in die Familie einbringt; einfach ausgedrückt: Gute Beziehungen führen zu späterer Pubertät. Dieselbe Studie schließt auch auf einen direkten Zusammenhang zwischen der Abwesenheit des Vaters und einem frühen Einsetzen der Menstruation sowie dem Vorkommen von Teenager-Schwangerschaften. Ist ein Stiefvater anwesend, so scheint dies – auf nicht ganz geklärte Weise – mit einer frühen Pubertät von Mädchen, die nicht bei ihrem biologischen Vater leben, zusammenzutreffen; da es in unseren Zeiten immer mehr alleinerziehende Mütter gibt, die irgendwann eine neue Partnerschaft eingehen, kann es durchaus sein, dass künftig noch mehr junge Mädchen in einem früheren Lebensstadium die Geschlechtsreife erreichen werden.

Die drei Gesichter der Pubertät

Die Pubertät umfasst drei verschiedene Phasen:
- die frühe Phase (Bin ich normal?),
- die mittlere Phase (Wer bin ich?)
- und die späte Phase (Wohin gehe ich?).

In ihrer frühen Phase durchlaufen Pubertierende viele körperliche, emotionale und seelische Veränderungen, die, so einschneidend, wie sie sind, ihr Leben und das ihrer Eltern aus dem Gleichgewicht bringen können. Diese jungen Menschen können große Hemmungen entwickeln und sind oft überaus beunruhigt über sich selbst; beispielsweise machen sie sich wegen irgendwelcher persönlicher Eigenschaften oder vermeintlicher »Mängel« Sorgen, die für sie selbst von großer Bedeutung sind, anderen Menschen hingegen kaum auffallen.

Manche fragen sich sogar voll Zweifel, ob sie überhaupt normal sind.

In dieser Zeit verändert sich urplötzlich das bis dahin so ruhige, gefällige Kind. Eine innere Stimme sagt ihm, es solle sich von der Kindheit und allen kindlichen Dingen abwenden – und auch von seinen Eltern. Dieser Abbruch der emotionalen Bindungen zu seinen Eltern wird unterstützt durch Veränderungen im Gehirn, die es dem Heranwachsenden ermöglichen, »erwachsenere« Gedankenprozesse zu entwickeln. Es ist, als würde sich ein Schleier lüften, als sähe er seine Eltern zum allerersten Mal und mit ganz neuen Augen. Und seine Reaktion ist dann sehr oft: »Du meine Güte, was habe ich bloß für Eltern!«

> *»Die vier Phasen des Lebens sind*
> *Kleinkindalter, Kindheit, Heranwachsen und Altern.«*
> Art Linkletter

Nachdem ihnen also zum ersten Mal die furchtbaren Mängel ihrer Eltern zum Bewusstsein gekommen sind, entwickeln Jugendliche in der *mittleren Phase der Pubertät* ein ausgeprägtes Interesse an Gleichaltrigen und suchen Trost bei ihnen. In dieser Zeit umgeben sie sich mit den unzähligen gerade angesagten Zeichen der Zugehörigkeit zu ihrer Altersgruppe – mit einer bestimmten Art von Musik, Kleidung, Piercings und Tattoos sowie speziellen Frisuren. Die Jugendlichen wollen eine eigene Identität und Individualität begründen, indem sie die Kontrolle und die Unterstützung der Erwachsenen harsch zurückweisen. Die Beziehungen zu ihren Eltern können in dieser Zeit äußerst gespannt sein, aber zum Glück währt das nur eine relativ kurze Zeit. Das Paradox ist, dass die Jugendlichen in der mittleren Phase, auch wenn sie uns Eltern wegzustoßen scheinen, in Wirklichkeit eine Führung brauchen, die sie in ihrer Besonderheit fördert. Achten Sie also darauf, dass die Kommunikation nicht abreißt!

Wenn die Jugendlichen dann in die *späte Adoleszenz* kommen, haben sie meistens ihre Identität gefunden und begonnen, ihre Rolle im Leben zu finden und festzulegen. Ihre Beziehungen zu den Erwachsenen verändern sich und beruhen nun mehr auf gegenseitigem Respekt und Zuneigung, da sie begreifen, dass ihre eigenen Eltern, verglichen mit anderen, letztlich gar nicht so schlecht sind!

»Jugendliche stehen immer vor demselben Problem:
Wie kann man REBELLIEREN UND sich gleichzeitig
ANPASSEN?
Sie lösen es, indem sie ihren Eltern die Stirn bieten und
sich gegenseitig nachahmen.
Quentin Crisp

Jugendliche neigen in der späten Adoleszenz dazu, mehr Verpflichtungen einzugehen und verantwortungsbewusster zu werden; manche beginnen, sich auf ihre Zukunft zu konzentrieren, ja sogar Pläne dafür zu machen. Aber noch immer benötigen sie – und akzeptieren das auch eher – einen Erwachsenen in ihrem Leben, der ihnen hilft, sich Ziele zu setzen und Strategien zu entwickeln, wie sie diese erreichen können.

Wie sich das Gehirn eines Teenagers von dem eines Erwachsenen unterscheidet

Erst wenn wir Anfang zwanzig sind, ist unser Gehirn voll ausgebildet. Zwar ist bei einem Jugendlichen das instinktmäßige Reagieren aus dem Bauch gut verankert, doch seine Fähigkeiten zu differenzieren, mit nicht ganz eindeutigen Informationen umzugehen, widersprüchliche Signale zu koordinieren, zu planen, zu organisieren oder die eigenen Emotionen zu kontrollie-

ren, sind noch in der Entwicklung begriffen. Jugendliche können durchaus gleichzeitig mehrere Bildschirme überwachen und dabei auch noch Musik hören, aber sie sind nicht in der Lage, zur gleichen Zeit mehrere Gedanken zu verfolgen, und überdies unfähig, sich blitzschnell frühere Erfahrungen ins Gedächtnis zu rufen, um sie in eine gegenwärtige Entscheidung einzubeziehen. Daher fällt es ihnen auch manchmal schwer, sich gut zu organisieren – beispielsweise zu entscheiden, was sie zuerst tun sollen: einen Freund anrufen, die Teller abspülen oder die Hausaufgaben erledigen, die am nächsten Morgen fällig sind.

Und was besonders wichtig ist: Während bei Erwachsenen der Teil ihres Gehirns zum Einsatz kommt, der sie zum kritischen Denken befähigt und ihnen hilft, Gefahren richtig einzuschätzen, kommt bei Teenagern beim Abwägen riskanter Verhaltensweisen (hinsichtlich Sex, Drogen, Autofahren usw.) der primitivere, instinktmäßigere Teil des Gehirns (die so genannte Amygdala, der Mandelkern) zum Zug. Wahrscheinlich ist das der Grund, warum junge Menschen so oft etwas falsch verstehen: Einerseits fehlt es ihnen an Erfahrung, und andererseits sind ihre Gehirnverbindungen noch nicht voll ausgebildet. Das ist wiederum der Grund, warum wir ihnen Grenzen setzen müssen, insbesondere wenn es um ihre Sicherheit geht.

Kurzum: Jugendliche haben auf ihrer Reise von der Kindheit zum jungem Erwachsenenalter vier wesentliche Aufgaben zu meistern: Sie müssen eine positive Identität herausbilden, ein paar gute Freunde finden, die emotionalen Bindungen zu ihren erwachsenen Bezugspersonen lösen und sich sinnvolle Berufsziele setzen. Nicht alle werden diese Aufgaben im Laufe ihrer Pubertät bewältigen – manche Jugendliche brauchen länger als andere, um die notwendige innere Festigkeit dafür zu bekommen, sich selbst zu finden.

Zudem ist die Pubertät gekennzeichnet von:
- dem Glauben an die eigene Unsterblichkeit
- dem Wunsch zu experimentieren
- dem Bedürfnis nach Anerkennung von Gleichaltrigen
- relativ kurzzeitigen Beziehungen

Stellen diese entwicklungsbedingten Veränderungen für sich genommen bereits eine Herausforderung für die Eltern dar, ist unsere größte Angst vermutlich die, dass diese Veränderungen bei den Jugendlichen zu riskantem Verhalten führen, das ihrer Gesundheit schaden könnte.

Die gute Nachricht ist aber, dass es nicht gänzlich unmöglich ist, mit den Teenagern von heute zurecht zu kommen, insbesondere, wenn man die in diesem Buch dargelegten Kenntnisse und Strategien anwendet.

> *» Wer hätte das gedacht, dass Mädchen an Körperstellen*
> *einen Sonnenbrand bekommen können, an denen sie*
> *heutzutage einen bekommen.«*
> Will Rogers

Was lässt Heranwachsende gut gedeihen?

Psychologen, die sich viele Jahre lang mit Jugendlichen aus schwierigen Familienverhältnissen befasst haben, haben herausgefunden, dass belastbare, stabile Jugendliche fünf wesentliche Merkmale aufweisen:

1. Sie haben einen erwachsenen Mentor oder ein Vorbild in ihrem Leben

Eine der besten Garantien für das körperliche und emotionale Wohlbefinden junger Menschen ist, dass es einen Erwachsenen in ihrem Leben gibt, bei dem sie Kraft schöpfen können, der ihnen ein Gefühl der Sicherheit gibt, der sie wertschätzt und ihnen zuhört. Das muss nicht die Mutter oder der Vater sein; es kann auch ein Onkel, ein Lehrer, ein Freund der Familie, ein Sporttrainer, ein Großvater oder eine Großmutter sein. Wenn junge Menschen eine ganz besondere Bindung haben, die von hohem Wert für sie ist, dann werden sie es sich wahrscheinlich gründlich überlegen, bevor sie etwas tun, das dieser Beziehung schaden könnte. Eine

solche Verbundenheit erhöht Ihre Chance für eine erfolgreiche Erziehung um ein Vielfaches. Das ist auch eine gute Nachricht für alleinerziehende Eltern, die oft erzählen, dass sie sich unzulänglich fühlen.

2. Sie haben etwas, worin sie besonders gut sind
Jungen Menschen Freizeitbeschäftigungen anzubieten, in denen sie gut sind, die sie gern tun (Kunst, Musik,

Sport, Tanz, Theater) und für die sie Anerkennung bekommen, ist von sehr hohem Wert. Es gibt ihnen die Möglichkeit, mit Gleichaltrigen zusammenzukommen, die ähnliche Interessen oder Vorstellungen haben, bringt sie mit positiven erwachsenen Vorbildern in Kontakt und trägt dazu bei, ihrem Tagesablauf eine gewisse Struktur zu geben.

3. Sie haben emotionale Intelligenz

Ein weiterer wichtiger Vorteil bei der Bewältigung der Pubertät ist die Fähigkeit, soziale Situationen zu verstehen, das heißt, die Gedanken und Gefühle anderer Menschen wahrzunehmen und zu sehen, wie man selbst auf andere Menschen wirkt. Diese Fähigkeiten können durch Vorbilder gelernt oder gelehrt werden.

4. Sie haben das Gefühl, dass ihr Leben Sinn hat

Es ist wichtig für Heranwachsende, sich etwas verbunden zu fühlen, das über die materielle Welt, in der sie leben, hinausgeht. Fast alle Menschen, die sich mit Jugendlichen und ihrem Verhältnis zur Spiritualität beschäftigt haben, sind zu dem Ergebnis gekommen, dass die Spiritualität ein Schutzfaktor für Jugendliche ist: Sie kann den Belastungen des Lebens eine andere Dimension geben, so dass Jugendliche weniger geneigt sind, sich auf Rauchen, Trinken und den Konsum illegaler Drogen zu verlegen.

5. Positive Selbstgespräche und die Bereitschaft, ausdauernd zu sein

Durch Selbstgespräche teilen sich uns unsere Gedanken mit, und sie haben Einfluss auf unsere Selbstachtung und unser Selbstvertrauen – im positiven wie im negativen Sinne. Wenn Jugendliche sich selbst einreden, sie seien Versager, dann werden sie es auch sein. Überzeugen sie sich hingegen davon, dass ihnen Erfolg beschieden sein wird, so ist die Chance viel größer, dass dies dann auch tatsächlich eintritt. Resiliente, stabile Teenager sprechen sich selbst Mut zu, und es ist wichtig, dass wir dies mit positiven Rückmeldungen unterstützen.

»Jugendliche sind keine Ungeheuer.
Sie sind lediglich Menschen, die versuchen,
hier auf dieser Welt erfolgreich ihren Weg zu gehen,
inmitten von Erwachsenen,
die ihrer selbst manchmal gar nicht so sicher sind.«

Virginia Satir

Das eigene Erziehungsmuster kennen

Obwohl Teenager letztendlich das Ziel haben, frei zu sein, und alles in ihrer Macht Stehende tun, um die ersehnte Freiheit auch zu bekommen, benötigen sie immer noch die Stärke und Liebe ihrer Eltern. Selbst die Jugendlichen, die scheinbar auf Teufel komm raus und unablässig dafür kämpfen, unsere Autorität zu demontieren, wissen tief in ihrem Innern, dass sie vollkommen aufgeschmissen wären, wenn ihnen dies wirklich gelingen würde. Je stärker Jugendliche das Gefühl haben, sich selbst überlassen zu sein und ohne die Unterstützung ihrer Eltern dazustehen, desto verwundbarer sind sie.

Daher geht es bei guter Erziehung vor allem darum, einen Mittelweg zu finden zwischen der Rolle eines Feldwebels und einer Mutter Teresa.

> *»Perfekte Eltern gibt es nicht.«*
> John Cheetham

Jeder Erwachsene hat seit seiner Kindheit ein Erziehungsmuster verinnerlicht. Es ist wie eine Art eingebauter Mikrochip, der damals programmiert wurde. Er ist oft maßgeblich dafür, wie wir unsere Kinder erziehen, und kann selbst hyperintelligente Menschen zu törichten Entscheidungen verleiten.

Seit langem interessieren sich Jugendpsychologen dafür, in welcher Weise Eltern die Entwicklung ihrer heranwachsenden Kinder beeinflussen. Ein solider Ansatz dabei ist die Untersuchung dessen, was man »Erziehungsstil« nennt. Auf *Responsivität* (Akzeptanz) gegenüber den Kindern ausgerichtete Eltern fördern ganz bewusst die individuelle Eigenart, Selbstkontrolle und Selbstbehauptung ihrer Kinder, indem sie ihnen Unterstützung bieten und sich auf ihre speziellen Bedürfnisse und Interessen einstellen. Auf *Kontrolle/Lenkung* ausgerichtete Eltern ziehen es vor, das Verhalten ihrer heranwachsenden Kinder zu kontrollieren, und erwarten, dass sie sich reif verhalten und eine konstruktive Rolle

im Familienleben spielen; gleichzeitig überwachen sie sie und sind im Fall von Ungehorsam zu Auseinandersetzungen mit ihren Kindern bereit und auch zu Disziplinarmaßnahmen.

Zwischen diesen beiden Extremen gibt es im Wesentlichen drei weitere Erziehungsstile:

- autoritär: Grenzen setzen, die nicht verhandelbar sind
  Solche Eltern sind sehr fordernd und direktiv bei geringer Responsivität (Akzeptanz) gegenüber ihren Kindern. Sie wollen Gehorsam und erwarten, dass ihre Befehle widerspruchslos befolgt werden. Diese Eltern bieten eine geordnete und strukturierte Umgebung mit klaren Regeln.
- autoritativ: Grenzen setzen, die verhandelbar sind
  Diese Eltern sind fordernd, jedoch bei hoher Responsivität gegenüber ihren Kindern. Sie vermitteln klare Maßstäbe für das Verhalten ihrer heranwachsenden Kinder und kontrollieren deren Einhaltung, sind aber nicht aufdringlich oder einschränkend; disziplinarische Maßnahmen sind eher auf Unterstützung ausgerichtet, weniger auf Bestrafung. Sie wollen, dass ihre Kinder durchsetzungsfähig sind, andererseits aber auch soziale Verantwortung übernehmen, dass sie selbstverantwortlich, aber auch kooperativ sind.

■ »Woodstock«-Modell: keine Grenzen, keine Verbote

Hier haben wir es mit nachgiebigen Eltern zu tun, die in den 1960er Jahren stecken geblieben sind – sie zeichnen sich durch hohe Toleranz und Akzeptanz des kindlichen Verhaltens aus, sind aber nicht fordernd. Sie verlangen auch nicht, dass die Heranwachsenden sich reif benehmen. Sie stehen ihnen ein hohes Maß an Selbstverantwortung zu und vermeiden die Konfrontation mit ihnen – all das führt bei jungen Menschen zu ausgeprägter Trägheit.

> *»Die Pubertät – eine kurze Phase voller Optimismus, die eine kurze Phase der Ignoranz von der Schlussphase des Zynismus trennt.«*
> Philip Adams

Nehmen Sie am Leben Ihrer heranwachsenden Kinder teil

Mehrere Studien haben darauf hingewiesen, dass junge Menschen, die mit ihren Familien verbunden sind und sich dazugehörig fühlen, weniger zu Gewalt, Drogen, Alkoholmissbrauch und geringer Selbstachtung neigen als diejenigen, die ihr Leben zunehmend getrennt von ihren Familien führen. Versuchen Sie daher, Ihre Mahlzeiten so oft wie möglich zu Hause einzunehmen, essen Sie mindestens einmal in der Woche mit Ihrem Kind oder Ihren Kindern zu Abend (und nutzen Sie diese Zeit zum Reden – essen Sie also nicht vor dem Fernseher), unternehmen Sie möglichst oft etwas gemeinsam und sorgen Sie dafür, dass Ihre Arbeit Sie nicht allzu oft oder lange von zu Hause fernhält, während Ihre Kinder schon zu Hause sind. Achten Sie zudem darauf, dass elektronische »Babysitter« wie Fernseher, Internet, Videospiele usw. keine große Rolle spielen: Sie mögen Ihre Teenager zwar sehr beschäftigen, sind aber kein Ersatz für menschliche Interaktion. Ihre heranwachsenden Kinder brauchen Ihre persönliche Aufmerksamkeit, auch wenn sie das nicht zeigen! Ihre Kinder werden sich an die Rituale und Gewohnheiten, die Sie miteinander pflegen, immer wieder erinnern.

Mögliche Aktivitäten

Die meisten Teenager sind natürlich lieber mit ihren gleichaltrigen Kameraden zusammen als mit ihren Eltern. Dennoch werden Sie immer wieder Gelegenheiten haben, miteinander Zeit zu verbringen – besonders dann, wenn die Pläne ihrer Kinder einmal ins Wasser fallen. Nutzen Sie jede Chance, die sich bietet!

Was auch immer Sie mit Ihren Teenagern unternehmen – es muss etwas sein, das ihnen Spaß macht. Drängen

Sie Ihre Kinder zu Aktivitäten, so ist das kontraproduktiv und verringert die Wahrscheinlichkeit, dass sie ein zweites Mal mitmachen. Hier sind ein paar Vorschläge:

- Fragen Sie Ihre Kinder, ob sie Lust haben, einen »Familienfilm« zu drehen. Sie könnten ihn anschließend auf einen Computer downloaden, ihn schneiden und eine passende Hintergrundmusik auswählen.
- Begleiten Sie Ihre Kinder zu irgendeinem Sport oder einer anderen Aktivität, der sie nachgehen (Theaterspielen, Musik machen); nehmen Sie sich die Zeit, ihnen dabei zuzuschauen.
- Nehmen Sie Ihre Kinder zu einem Konzert mit – lassen Sie sie nicht immer nur allein hingehen. Ihre Kinder dürfen die Musik auswählen, und Sie sollten es sich verkneifen, sich über die Wahl zu beschweren.
- Tun Sie etwas für das Gemeinwesen. Bieten Sie einem Obdachlosenheim oder einem Kinderkrankenhaus am Ort Ihre freiwillige Hilfe an, oder engagie-

ren Sie sich für eine Sache, die Ihre Kinder unterstützen.

- Hören Sie Ihren Kindern zu. Planen Sie bewusst immer wieder Zeit dafür ein. Lassen Sie Ihre Kinder wissen, dass Sie bereit sind, über wirklich jedes Thema mit ihnen zu sprechen, das den Heranwachsenden auf dem Herzen liegt. Geben Sie ihnen aber nur dann Ratschläge, wenn sie es ausdrücklich wünschen.

- Tun Sie etwas Vertrautes. Nicht nur Kleinkinder lieben Wiederholungen – Rituale und Routine haben für alle Menschen etwas angenehm Wohliges und tragen dazu bei, die Identität einer Familie zu prägen.

- Und das Beste überhaupt: Verbringen Sie einen völlig unverplanten Tag mit Ihren heranwachsenden Kindern, und tun Sie genau das, wozu diese Lust haben. Ignorieren Sie Telefon, E-Mails, Arbeit und Besorgungen, und schenken Sie ihnen Ihre gesamte Aufmerksamkeit.

Was Sie auch tun, sorgen Sie dafür, dass Sie Ihre Teenager auch liebevoll berühren: Legen Sie sich zur Schlafenszeit eine Weile zusammen hin, bürsten Sie ihnen ausgiebig die Haare, rangeln Sie miteinander oder verbringen Sie mal eine halbe Stunde gemeinsam auf der Couch vor dem Fernseher. Niemand muss Eltern daran erinnern, dass sie mit ihren Kleinkindern schmusen, aber ebenso wie die einst regelmäßig vorgelesene Gutenachtgeschichte kann auch das liebevolle Kuscheln in der Pubertät verloren gehen – und das ist schade. Erstaunlich viele Jugendliche sehnen sich nach Berührungen.

Setzen Sie ihnen Grenzen

Eines der wichtigsten Dinge bei der Erziehung von Jugendlichen ist, dafür zu sorgen, dass sie sich sicher fühlen. Das kann dadurch vermittelt werden, dass Sie bereits zu Beginn der Pubertät Regeln einführen, die von beiden Seiten akzeptiert werden. Es hat keinen Sinn, Verbote aufzustellen und dann zu erwarten, dass die Jugendlichen ihnen gehorchen: Jugendliche sind darauf programmiert, es nicht zu tun. Kluge Eltern setzen darauf, ein ausgehandeltes System von Belohnungen und Bestrafungen einzusetzen, das Jugendlichen das Gefühl gibt, dass es auch ihre Regeln sind.

Achten Sie darauf, dass Sie ganz klare Grenzen ziehen, die Ihren Kindern vermitteln, dass sie Ihnen wichtig sind. Vergessen Sie nicht, dass sie noch in der Entwicklung stehen, also noch »unfertig« sind, und dass es ihnen immens helfen kann, wenn sie eindeutige Richtlinien kennen. Allzu viele Eltern scheuen heutzutage davor zurück, ihren heranwachsenden Kindern Grenzen zu setzen, und fördern damit, oft ohne es zu wol-

len, eine Anspruchshaltung (alle Rechte, keine Pflichten), was zu lebenslangen Problemen führen kann.

Aber Vorsicht: Wenn Jugendliche zu sehr eingeengt werden, kann ihnen ihre Welt ganz und gar negativ vorkommen, und das führt mit Sicherheit zu Rebellion und Streit. Als Eltern haben wir die Aufgabe, sorgfältig auszuwählen, was wir unseren Kindern erlauben wollen und was nicht, und ein Gleichgewicht zwischen zu vielen und zu wenigen Grenzen zu finden. Beispielsweise bei dem Problem, wann Ihr Teenager abends nach Hause kommen soll: Fragen Sie ihn, was er selbst für eine vernünftige Uhrzeit hält, einigen Sie sich auf eine Uhrzeit und klären Sie dann auf die gleiche Art miteinander, welche Folgen es haben wird, wenn er die vereinbarte Uhrzeit nicht einhält. Sobald Ihr Teenager bereit und fähig zu sein scheint, mehr Verantwortung zu übernehmen, sollten diese Regeln überdacht werden. Beispielsweise kann man die Uhrzeit, wann ein Jugendlicher abends nach Hause kommen muss, alle paar Monate neu aushandeln, mit der Aussicht, eine spätere Uhrzeit zu erlauben. Auch da, wo Grenzen bestehen, sind Vertrauen und Respekt das, worauf es ankommt.

> *Teenager klagen ständig darüber, dass es*
> *nichts zu tun gäbe, und dann bleiben sie*
> *die ganze Nacht weg, um es zu tun.«*
> Bob Phillips

Bringen Sie ihnen das Prinzip von Ursache und Wirkung nahe

Eine konsequente Handlung ist so viel wert wie tausend Worte – eine wichtige Tatsache, wenn es darum geht, das Verhalten von Jugendlichen zu ändern und ihnen Verantwortung beizubringen. Lehrt man Jugendlichen das Prinzip von Ursache und Wirkung, so hilft ihnen das, ihre »Urheberschaft« an ihrem eigenen Handeln zu erkennen und zu akzeptieren. Es bereitet sie auf das Leben in der realen Welt vor.

Belohnen und bestrafen, die traditionellen Methoden zur Aufrechterhaltung der Disziplin, sind nicht sinnvoll, da sie Jugendliche daran hindern, selbst Entscheidungen zu treffen und dafür auch die Verantwortung zu übernehmen. Es ist wichtig, dass sie durch Erfahrung die Vorteile eines angemessenen Verhaltens und die Nachteile eines unangemessenen Verhaltens lernen, insbesondere dann, wenn es um die eigene Sicherheit geht.

Und die Konsequenz ...

Konsequenz findet im Alltag alle möglichen Anwendungen. Hat Ihr Teenager beispielsweise die Verantwortung für eine oder mehrere häusliche Pflichten übernommen (wie den Abfall wegbringen, abwaschen, Rasen mähen, auf jüngere Geschwister aufpassen usw.), ist es ganz wichtig, die Konsequenzen auszuhandeln, die drohen, wenn er seine Pflichten einmal nicht erfüllt.

Ohne Konsequenz gibt es keine Struktur, kein Lehren oder Lernen von Verantwortung, und das führt zu Disziplinproblemen.

Dabei ist es jedoch gut, Ihren Teenager zuerst an weniger schwerwiegende Konsequenzen zu gewöhnen und nach und nach zu ernsteren überzugehen. Realistische Konsequenzen haben die größte Wirkung. Wenn es Ihrem Kind schwerfällt, aus dem Bett zu kommen, dann sollten Sie ihm nicht etwa in voller Lautstärke Ihre alten John-Denver-Platten vorspielen, um ihn zum Aufstehen zu bewegen, oder seine Freunde zu einem Frühstück in sein Zimmer einladen. Lassen Sie ihn einfach den Preis dafür bezahlen, dass er partout nicht aus den Federn kriecht.

Und vergessen Sie nie: Auf den richtigen Zeitpunkt kommt es an. Konsequenzen sollten so bald wie möglich nach dem Regelverstoß folgen.

Hier sind einige Vorschläge für wirksame Konsequenzen:
- Verbieten Sie für kurze Zeit Treffen mit Gleichaltrigen – auch Hausarrest genannt
- Untersagen Sie Ihrem Kind für eine kurze Zeit eine seiner Lieblingsbeschäftigungen wie Fernsehen, Internet, Videospiele
- Behalten Sie einen Teil oder das gesamte Taschengeld ein

Wenn Ihr Heranwachsender es immer wieder versäumt, vereinbarte Pflichten zu erfüllen, dann sollten Sie die ausgehandelten Konsequenzen immer wieder anwenden. Je nach Verhalten (zum Beispiel: später als vereinbart nach Hause kommen) kann es angebracht sein, diese Konsequenzen zu verschärfen. Wenn ein kurzer, zwei oder drei Wochen währender Machtkampf in der Angelegenheit nicht zu Verhaltensänderungen führt, steckt möglicherweise etwas ganz anderes dahinter. In diesem Fall wäre es klug, einen Psychologen um Rat zu fragen.

Was tun, wenn Sie nicht mehr weiter wissen?

Ungewöhnliche Zeiten erfordern manchmal ungewöhnliche Maßnahmen. Eine Familie suchte meinen Rat, weil ihre chronisch trägen Teenager ständig im ganzen Haus ihre Siebensachen herumliegen ließen. Die Eltern hatten es gründlich satt, andauernd hinter ihnen herzuräumen, und sie hatten alles versucht: Drohungen, Belohnungen, Gebrüll. Ich riet ihnen zu einem Familientreffen, bei dem die Eltern neue Verhaltensregeln (kein Geschrei mehr) und einen einfachen Plan vorschlagen sollten: Alle Sachen, die im Haus – nicht in den Zimmern der Kinder – herumlagen, würden einfach in die Tiefkühltruhe in der Garage gesteckt werden. Darüber würde kein Wort verloren werden. Dort befanden sich die Sachen dann eben. Nach einigen

Wochen, in denen es eine Menge gefrorene Socken und Unterwäsche gab, hatten die Kinder die Botschaft verstanden. (Mehr zu diesem schwierigen Thema lesen Sie im Kapitel »Wie Sie Ihre Kinder zur Mithilfe im Haushalt bringen«.)

»Bevor ich heiratete, hatte ich sechs Theorien darüber,
wie man Kinder erzieht.
Heute habe ich sechs Kinder und keine Theorien.«

Earl of Rochester

Schenken Sie ihnen Vertrauen und Respekt

Die besten Beziehungen, die es zwischen Teenagern und ihren Eltern gibt, beruhen auf Vertrauen und Respekt. Doch solche Beziehungen sind nicht die Regel. Stattdessen verlieren sich viele Eltern in einem Wirrwarr aus Verzweiflung und Ängstlichkeit. Im Idealfall wachsen Vertrauen und Respekt in dem Maße, wie die Spielregeln miteinander ausgehandelt werden. Denn dann verbindet der Jugendliche die Einhaltung der Regeln damit, dass sie zu seinen Gunsten neu ausgehandelt werden können, und zwar dann, wenn er seine Vertrauenswürdigkeit unter Beweis stellt. Wenn Eltern konsequent und beständig dem Weg folgen, wird der Jugendliche normalerweise gut darauf reagieren. Än-

dern Sie als Eltern hingegen die Regeln und halten Sie
Ihre Versprechen nicht ein, so wird der Jugendliche mit
aller Macht versuchen, den Rahmen, den Sie aufgestellt
haben, zu durchbrechen.

Eine Anmerkung für Väter

Seit vielen Jahren führe ich nun mit Jugendlichen Gespräche über ihre Eltern. Dadurch ist mir klar geworden, dass junge Menschen, insbesondere Jungen, sehr
davon profitieren, wenn sie mit ihren Vätern zusammen sind. Für sie ist das etwas Besonderes und stellt
eine Ergänzung zu dem dar, was ihre Mütter ihnen geben. Ein guter Vater zu sein hat nichts damit zu tun,
ständig die Brieftasche zu zücken; stattdessen sollte er
möglichst viel Zeit mit seinen Kindern verbringen, vor

45

allem, wenn sie noch klein sind. Den meisten Kindern liegt nicht viel an einem Vater, der ständig mit irgendwelchen superklugen, tiefsinnigen Sprüchen daherkommt. Vertrauen und eine gesunde Selbstwahrnehmung wachsen in Ihren Kindern, wenn Sie mit ihnen reden und ihnen zuhören.

Daher ist es ganz wichtig, dass Sie zusammen etwas tun, denn das ermöglicht Nähe und tiefer gehende Gespräche. Ihre Fahrdienste, wenn Sie Ihren Teenager mit dem Auto irgendwohin bringen, können gute Gelegenheiten dafür sein. Und versuchen Sie, gemeinsame Interessen zu finden, vielleicht eine Sportart oder ein Spiel wie Schach; besonders Jungen öffnen sich leichter, während sie etwas tun.

8 Top-Tipps für Teenager-freundliche Kommunikation

1. Reden Sie weniger und hören Sie mehr zu

Die häufigste Klage von Jugendlichen ist, dass ihre Eltern ihnen nicht richtig zuhören. Wenn Ihr Teenager mit ihnen spricht, sollten Sie ihm deutlich zeigen, dass Sie ihm zuhören: Legen Sie die Zeitung weg, in der Sie gerade lesen, stellen Sie den Fernseher aus, und sehen Sie ihn an. Hören Sie aufmerksam zu, ohne ihn zu unterbrechen, und geben Sie dann ein Feedback auf das, was er soeben gesagt hat. Das zeigt ihm, dass Sie ihn nicht nur gehört, sondern seine Worte auch aufgenommen haben.

2. Fassen Sie sich kurz

Wenn Sie reden, dann bitte nicht endlos. Das soll ein Dialog sein, keine Rede. Untersuchungen haben gezeigt, dass der durchschnittliche Jugendliche sich etwa 13,6 Sekunden lang auf das konzentrieren kann, was seine Eltern ihm sagen wollen. Wenn Sie also bis dahin nichts Wichtiges geäußert haben, dann können Sie es für dieses Mal vergessen …

*»Es gibt nichts,
das so verkehrt an den Teenagern von heute ist,
dass 20 Jahre es nicht kurieren würden.«*
Unbekannter Autor

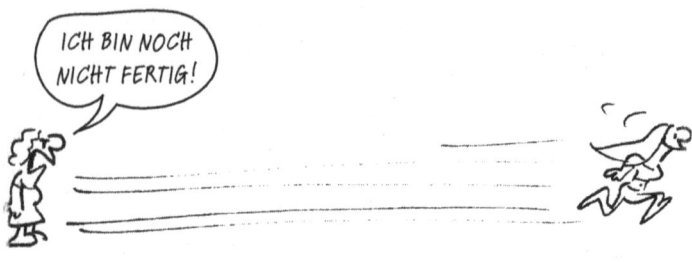

3. Humor tut gut

Der amerikanische Präsident Franklin D. Roosevelt stellte einmal fest, was die amerikanische Familie retten würde, sei die Tatsache, dass die überwältigende Mehrheit von ihnen zwei hervorragenden Eigenschaften besäße: Humor und das richtige Augenmaß. Viele Eltern, insbesondere Väter, gehen ausgesprochen humorvoll mit ihren Kindern um – meinen sie zumindest. Aber allzu oft ist das, was sie für Humor halten, eine Mischung aus abfälligen und ironischen oder sarkastischen Kommentaren. Das löst natürlich eine defensive Reaktion aus und schlägt die Kommunikationstür zu, die sie eigentlich offen halten wollen. Da viele Jugendliche darüber klagen, dass ihre Eltern zu ernst sind und gelassener und entspannter werden müssten, ist der richtig eingesetzte Humor eine hervorragende Art und Weise, um die Kommunikation zu verbessern. Die Regeln hierfür sind ganz einfach: Bleiben Sie locker, und versuchen Sie, witzig und geistreich zu sein (falls Sie sich dessen nicht sicher sind, überprüfen Sie es mit Ihrem Partner/Ihrer Partnerin oder einem Freund!).

4. Stellen Sie keine Ultimaten

Vermeiden Sie möglichst Ausdrucksweisen, die die für Jugendliche typische Empfindlichkeit gegenüber jeglicher Art von Kontrolle weckt. Wenn Sie ein Ultimatum stellen, werden Teenager entweder Ihre Herausforde-

rung annehmen (womit Ihr Problem wesentlich größer ist als zuvor) oder Sie müssen einen Rückzieher machen und werden damit Ihre Glaubwürdigkeit verlieren. Denken Sie besser voraus und suchen Sie einen Kompromiss, durch den jeder etwas gewinnt.

> *»Der Gesichtsausdruck eines Kindes kann alles sagen,*
> *vor allem durch die Mundpartie.«*
> Jack Handy

5. Seien Sie der größte Fan Ihres Kindes

Geben Sie Ihrem Kind immer wieder ein positives Feedback. Studien haben ergeben, dass von sechs Botschaften, die Eltern Jugendlichen im Gespräch vermitteln, im Allgemeinen nur eine einzige Botschaft positiv ist (zum Beispiel »Also das hast du wirklich gut gemacht«), dagegen aber fünf negativ sind (»Du hast in deiner Mathearbeit nur 75 Prozent der Aufgaben gelöst? Was ist mit dem Rest?«). Loben Sie so oft wie möglich die Anstrengungen, Charakterstärken und Eigenständigkeit Ihres Teenagers. Suchen Sie Gelegenheiten, ihm bei etwas zuzusehen, was er gut macht, und reagieren Sie mit Lob und Bewunderung darauf. Setzen Sie sich das Ziel, jeden Tag mindestens einen konstruktiven Kommentar zu machen. Kann sein, dass Ihr Teenager daraufhin nur ein unbestimmtes Knurren von sich gibt, mit den Schultern zuckt oder in sein Zimmer verschwindet. Aber damit legen Sie jedes Mal etwas Kapital auf die Bank, in der sich sein guter Wille für spätere Zeiten aufbaut.

6. Erinnern Sie Ihren Teenager nicht ständig an frühere Fehler

Die Pubertät ist eine Zeit des Ausprobierens; also sind Fehler normal. Abgesehen davon wird Ihr heranwachsendes Kind, wenn Sie es ständig an frühere Dummheiten erinnern (womöglich mit offenkundiger Genugtuung), das nächste Mal, wenn es etwas verbockt hat, weniger geneigt sein, es Ihnen zu erzählen. Und es wird eine bleibende Erinnerung an die Monologe seiner Eltern behalten, in denen diese ständig über ihn herzogen.

7. Sprechen Sie miteinander, während Sie etwas zusammen tun

Für viele Eltern ist das Abendessen oder die Zeit vor dem Schlafengehen *die* Gelegenheit, sich bei ihren Kindern nach den Vorkommnissen des Tages zu erkundigen. Aber es gibt noch andere Möglichkeiten. Eine der besten Erfindungen, die für Eltern von Teenagern gemacht wurden, ist das Auto – und zwar deshalb, weil Ihr Youngster, wenn Sie ihn irgendwohin fahren (zu einem Freund, zum Konzert, zum Sport), nicht ausweichen kann. Das ist eine hervorragende Gelegenheit, ihn in ein Gespräch zu verwickeln – nichts allzu Kompliziertes, eher ein kleiner Austausch, der mit einem simplen »Na, wie läuft's denn so?« eingeleitet wird, einfach um herauszufinden, was an diesem Tag für Ihr Kind besonders wichtig war. Auf diese Weise geben sie ihm zu verstehen, dass Sie sich für ihn, sein Leben und für das, was er denkt, interessieren. Sie werden merken, dass besonders Jungen viel gesprächsbereiter sind, wenn sie zum Beispiel gerade mit ihnen Fußball spielen.

8. Sie müssen nicht zu allem und jedem einen Kommentar abgeben

Zu den lästigsten Dingen, die wir als Eltern tun können, gehört, ständig alles, was unser heranwachsendes Kind sagt oder tut, zu kommentieren. Stellen Sie sich vor, man würde Ihr eigenes Tun und Treiben den ganzen Tag über unablässig kommentieren – das würde Sie auf die Palme bringen. Eltern, die andauernd zu allem ihren Senf dazugeben, bringen sich damit um die Chance, je von ihren Kindern ins Vertrauen gezogen zu werden, wenn es um wichtige Dinge geht. Es kommt bei Jugendlichen nicht gut an, wenn man ihnen alle naslang Vorträge über ihr Leben hält.

Das Leben ist kein Ponyhof

Die Pubertät kann, wie bereits erwähnt, beängstigend und sehr belastend für Ihr Kind sein. Die bis dahin kleine, sichere Welt des Kindes verwandelt sich mit einem Mal in die große, noch unvertraute Welt des »Fast-Erwachsenen«. Das wird unvermeidlich etliche emotionale Höhen und Tiefen mit sich bringen, während beide Parteien, die Eltern und der Jugendliche, bemüht sind, mit diesen tief greifenden Veränderungen fertig zu werden. Wenn wir unseren heranwachsenden Kindern nicht etwas Autonomie zugestehen, werden sie sich auflehnen, weil sie das Gefühl haben, sie dürften nicht selbst für sich entscheiden und hätten keine Chance, ihre eigenen Fehler zu machen – aus denen sie schließlich lernen können.

Nur wenige Eltern wollen, dass ihre Kinder mit 30 Jahren noch im Elternhaus leben, abhängig von ihnen und unfähig, Entscheidungen zu treffen. Es ist ebenso normal wie notwendig, dass Jugendliche nach und nach ihre eigenen Wege gehen. Also lassen Sie sie gehen. Wenn Ihre Kinder mitten in der Pubertät stecken, sollten Sie allmählich den ungleichen Kampf gegen unwichtige Dinge aufgeben – etwa gegen gerade angesagte

Haarfrisuren, Musikstile, Kleider oder Verhaltensweisen, die Sie oder andere Erwachsene lästig oder peinlich finden oder ärgern. Stellen Sie sich darauf ein, dass die Jugendlichen sich während dieser Zeit des Experimentierens von Ihrem Wertesystem entfernen, um am Ende ihren eigenen Platz in der Welt zu finden.

> *»Die Jungen sind immer bereit, denen, die älter sind als sie selbst, den gesamten Ertrag ihrer Unerfahrenheit zukommen zu lassen.«*
> Oscar Wilde

Girls, Girls, Girls

Viele Eltern sind sich darüber einig, dass Mädchen in der Pubertät anstrengender und weniger »pflegeleicht« sind als Jungen. Wenn Eltern von ihren heranwachsenden Töchtern erzählen, dann häufig mit genervtem Augenverdrehen und Stöhnen. Die Eltern empfinden ihre Töchter als facettenreicher, emotional komplexer, manipulativer und unendlich viel launenhafter als Jungen.

Der Hauptgrund dafür ist das Problem der Ablösung. Die Jugendlichen finden es normalerweise ab irgendeinem Zeitpunkt völlig unakzeptabel, von ihren Eltern abhängig zu sein, insbesondere von ihrer Mutter. Aber

anders als Jungen neigen Mädchen dann nicht dazu, sich zurückzuziehen und einfach auf Distanz zu gehen; sondern sie fechten mit ihren Eltern – vor allem mit ihren Müttern – einen heftigen Kampf aus, in dem sie sie abwechselnd schockieren und einschüchtern. Dies kann selbst sehr belastbare und verständnisvolle Eltern auf eine harte Probe stellen.

Kulturkampf

In meiner Praxis darf ich seit vielen Jahren Zeuge der wildesten psychologischen Kämpfe sein, die man sich überhaupt denken kann – fast immer zwischen heranwachsenden Töchtern und ihren Müttern. Obwohl ich es noch in keinem Lehrbuch für Jugendpsychologie gelesen habe, habe ich – wie viele Eltern – den Eindruck, dass es zumeist die Töchter sind, mit denen die Eltern die größten Pubertätsschwierigkeiten erleben, wenn sich ihre früher so unschuldigen, liebevollen, Gedichte schreibenden Lieblinge nun in distanzierte, trotzige, sexuell interessierte Fremde verwandeln.

Warum tun sie das? Ganz einfach: Junge Frauen lösen die Probleme, die sie mit dem Zusammenleben mit ihren Eltern haben, mit deren Nähe und damit, dass sie ständig ihren unakzeptablen Gefühlen von Liebe und Abhängigkeit ausgesetzt sind, dadurch, dass sie wegen allem und jedem Krieg führen. Das ganze Leben wird zu einem einzigen Kampf.

Da heranwachsende Mädchen emotional erfahrener und zehnmal redegewandter sind als die männlichen Gleichaltrigen, nehmen sie häufig ihre Mutter aufs Korn und rühren immer wieder an deren wunde Punkte.

Manche Töchter halten in der Pubertät eine innige Beziehung zu ihrem Vater aufrecht, vorausgesetzt, dass dieser sich nicht in die Kneipe, die Arbeit oder den Sport flüchtet und dass er in einer »jugendfreundlichen« Art mit seiner Tochter umgeht sowie bereit ist, über Dinge zu verhandeln. Doch, von wenigen Ausnahmen abgesehen, hat eine Jugendliche eine stärkere Bindung zu ihrer Mutter als zu ihrem Vater; dies bedeutet, dass sie auch viel mehr Ablehnung und Anti-Haltung aufbringen muss, um die Stärke dieser Bindung zu leugnen.

Noch erschwert wird die Situation durch die Tatsache, dass Mädchen in der Pubertät viel mehr streiten als Jungen, da sie sich darin schon in der Vorpubertät mit ihren gleichaltrigen Kameradinnen »geübt« haben. Beziehungen zwischen Mädchen in diesem Alter sind oft von verbalen Entgleisungen geprägt, und Mädchen sind viel besser als Jungen für die tränenreichen und emotionsgeladenen Wortwechsel ausgerüstet, die ihre Beziehungen zu ihren Eltern – besonders zu ihren Müttern – kennzeichnen.

Wenn Sie eine Tochter haben, die körperlich bereits weit entwickelt, aber emotional noch unreif ist, dann sollten Sie einige der folgenden Strategien in Erwägung ziehen:

1. Überlegen Sie ernsthaft, ob sie nicht auf eine Mädchenschule gehen sollte

Das wird ihr ermöglichen, sich nach ihrem eigenen Rhythmus in einem Umfeld zu entwickeln, in dem geschlechtsspezifischen Klischees viel weniger Bedeutung zukommen. Eine nach Geschlechtern getrennte Erziehung trägt dazu bei, die ständige Unruhe und Gier nach neuen Empfindungen, die viele Mädchen in diesem Alter haben, in angemessener Weise zu kanalisieren – beispielsweise in Sportarten wie Korbball, Hockey und Fußball, die sie mit Begeisterung treiben können, ohne fürchten zu müssen, sie könnten zu jungenhaft wirken. Zudem wissen die Lehrer an Schulen, die nur auf ein Geschlecht ausgerichtet sind, meiner Erfahrung nach sehr gut, wie Mädchen lernen, und neigen dazu, ihre Lehrmethoden daran anzupassen.

2. Leben Sie Ihrer Tochter Ihr eigenes Wertesystem vor

Bringen Sie Ihrer Tochter durch Ihr eigenes Beispiel bei, wie man eigene Interessen vertritt, wie man Konflikte löst und wie man mit Wut umgeht.

3. Helfen Sie ihr, Selbstvertrauen aufzubauen

Bestärken Sie Ihre Tochter darin, sich Ziele zu setzen; loben Sie sie, wenn sie diese erreicht, und machen Sie ihr Mut, sich anschließend neue zu setzen. Das Selbstvertrauen wird die Fähigkeit ihrer Tochter stärken, sich auf dem schwierigen sozialen Terrain zurechtzufinden, das die Pubertät für Mädchen darstellt, und ihr ermöglichen, dem Gruppendruck zu widerstehen, der die Mädchen zuweilen zu unheilvollen Risiken verleitet.

4. Bringen Sie ihr Konsequenz nahe

Sorgen Sie dafür, dass Ihre Tochter zur Verantwortung gezogen wird, wenn sie sich gemein verhalten hat: Erklären Sie ihr, welche Konsequenzen es hat, wenn sie Klatsch verbreitet, und geben Sie ihr von klein auf zu verstehen, dass sie für das, was sie tut, auch einstehen muss.

5. Bringen Sie ihr Respekt gegenüber anderen Menschen bei

Fast alle Teenager wollen irgendwo dazugehören und akzeptiert werden. Machen Sie Ihrer Tochter klar, dass sie keinesfalls verpflichtet ist, mit allen befreundet zu sein, sie anderen aber mit Respekt begegnen soll. Erklären Sie ihr auch, dass sie, wenn sie jeden mit Respekt behandelt, weniger Gefahr läuft, selbst gemobbt zu werden.

About a boy

Jungen gelten im Vergleich zu Mädchen bei den Eltern – bis auf wenige Ausnahmen – als gradliniger, unkomplizierter und ausgeglichener. Sie sind leichter zu verstehen, weit weniger kritisch und nicht so voreingenommen wie Mädchen. Gleichzeitig fragen sich die Eltern oft, warum ihre Söhne so wenig von ihren Gefühlen preisgeben und überhaupt weniger Gefühle zeigen als ihre Töchter. Die Antwort ist: Sie erleben tatsächlich weniger Emotionen als ihre weiblichen Pendants.

HALLO GROßER, DEIN ABENDESSEN WIRD KALT
MAMA

Sie besitzen nämlich nicht so viele neuronale Verbindungen zwischen den Emotionszentren und den Sprachzentren, und sie haben überhaupt weniger Sprachzentren im Gehirn. Kurz, sie produzieren im Allgemeinen weniger Wörter, und daher ist der Wortschatz, mit dem sie ihre Emotionen zum Ausdruck bringen, kleiner. Überdies werden noch immer viele Jungen in der mittleren und späten Phase der Kindheit systematisch dazu gebracht, ihre Emotionen zu unterdrücken.

Ein Junge wird drei Jahre früher, als seine Eltern meinen, erwachsen und etwa zwei Jahre später, als er selbst meint.

Lewis B. Hershey

So können Sie Ihrem Sohn helfen

Was also können Sie tun? Hier einige Anregungen:

1. Bringen Sie ihm bei, mit Wut umzugehen

Viele Jungen scheinen nur zwei Schalter zu besitzen: »aus« und »Wut«. Ihre Emotionen schlagen häufig in Wut um, da dies unter ihren gleichaltrigen Kameraden gewöhnlich die einzige akzeptierte Reaktion auf unangenehme Vorkommnisse ist. Wenn man Jungen hilft, Worte für Gefühle der Verletzung, der Angst, der Frustration, der Enttäuschung und Scham zu finden, können sie lernen, damit umzugehen, und sich selbst helfen.

2. Loben und belohnen Sie ihn

Jungen sind auf promptes Lob und eine unmittelbar erfolgende Belohnung aus und reagieren positiv darauf. Denken Sie also daran, Ihren Sohn zu loben, wenn er etwas besonders gut gemacht hat.

Body-Art und andere fragwürdige Moden

Seit eh und je gehören Kleider, Frisuren und Body-Art
(wie Piercings oder Tätowierungen), die die Erwachse-
nenwelt schockieren, zu den Versuchen von Teenagern,
eine eigene Identität zu finden und Eigenständigkeit
und Unabhängigkeit zum Ausdruck zu bringen.

Hier ist Behutsamkeit geboten! Das ist ein ganz besonders heikles Thema, das einen geschickten Umgang er-
fordert, wenn Ihr Leben nicht allzu sehr beeinträchtigt

werden soll. Wenn Sie sich ständig auf diese äußeren Manifestationen konzentrieren, anstatt vielleicht nur einmal ihre Missbilligung kundzutun und dann den Dingen ihren Lauf zu lassen, rebelliert der Jugendliche möglicherweise noch mehr – was wahrscheinlich in einen Machtkampf ausartet.

Versuchen Sie also, Ihren Optimismus (der bestimmt schon lange inaktiv vor sich hin schlummert) zu beleben, und sparen Sie sich Ihre Energie für wichtigere Dinge. Mit anderen Worten, wenn Ihr Sohn mit Haaren vor der Tür steht, deren Farbe an exotische peruanische Schmetterlinge erinnert, dann sollten Sie der Versuchung widerstehen, ihn zu fragen, ob die Fastnachtszeit eigentlich schon begonnen habe. Beißen Sie sich stattdessen lieber auf die Zunge, und versenken Sie sich in Ihre Zeitung.

Schule

Wissenschaftliche Untersuchungen haben viel über die Schule herausgefunden (und vieles davon war, milde ausgedrückt, wenig hilfreich), aber glaubwürdige Experten bezeichnen die Lese- und Schreibfähigkeit im 9. Schuljahr als einen wesentlichen Indikator für späteren Erfolg im Leben. Ebenso ist sich die Forschung darin einig, dass für die Lese- und Schreibfähigkeit eines Kindes die Beziehung zu seinen Lehrern ein wesentlicher Faktor ist.

Schüler arbeiten gerne für Lehrer, die sie sympathisch finden, und wir Eltern spielen eine wichtige Rolle dabei, indem wir unsere Kinder darin bestärken, gute Beziehungen zu ihren Lehrern aufzubauen. Wenn ein Teenager wiederholt äußert, dass er die Schule hasst, dann sollten Sie herauszufinden, warum das so ist, und ihm Hilfe anbieten. Geben Sie ihm zu verstehen, wie sehr Ihnen daran liegt, dass es ihm gut geht; nehmen Sie seine Belange ernst, und versuchen Sie, eine Lösung zu finden. Wenn ein Jugendlicher ständig unglücklich in der Schule ist, dann ist das nicht nur negatives Gerede. Überlegen Sie, ob es nicht besser wäre, Ihr Kind auf eine andere Schule zu schicken oder eine praktische Ausbildung machen zu lassen. Vielleicht könnte es auch ein Schuljahr im Ausland machen oder, wenn die Schulpflicht vorbei ist, ein Jahr aussetzen und einen Teilzeitjob annehmen.

Oft wird viel zu viel Wirbel um den Schulabschluss gemacht, dabei sollten wir das besser nüchtern betrachten. Natürlich ist es wichtig für das zukünftige Leben, aber es ist nicht das einzig Entscheidende. Es ist nur eine weitere Phase in der Laufbahn eines jungen Menschen, und die Erde wird sich weiterdrehen, ganz gleich, was dabei herauskommt. Und auch wenn Schüler in der Abiturszeit sind, sollten sie kein quasi klösterliches Dasein führen und keineswegs alle bisherigen Interessen aufgeben. Das Erfolgsgeheimnis für diese Zeit ist vielmehr genügend Schlaf, Ausgewogenheit und ein sinnvoller Alltagsrhythmus. Auch hier zeigen alle Forschungsergebnisse übereineinstimmend, dass erfolgreiche Schüler zielgerichtet und diszipliniert sind, es aber auch fertigbringen, die Balance zwischen Arbeit und Freizeit zu halten. Ausreichend Schlaf, Entspannung und Sport, eine vernünftige Ernährung und viel frische Luft unterstützen die Motivation. Schließlich soll die Schule mit dem fröhlichen Knall eines Sektkorkens enden, nicht mit einem kläglichen Gewimmer!

Und vergessen Sie nicht, dass einem Jugendlichen das Lernen viel leichter fällt, wenn er auf ein Ziel hinarbeitet, wenn er weiß, was er in der Schule will, und wenn er die richtigen Fächer gewählt hat – das heißt, Fächer, die ihm Spaß machen, ja, für die er sich vielleicht sogar begeistern kann. Der römische Philosoph Seneca drückte es einst so aus: »Wer nicht weiß, welchen Hafen er ansteuert, für den ist kein Wind ein günstiger.«

Ist Ihr Teenager eine Tochter, dann stellt die Schule wahrscheinlich kein sehr großes Problem dar, außer wenn sie eine Lernschwäche oder -störung hat. Die Statistiken zeigen, dass Mädchen disziplinierter arbeiten als Jungen und zunehmend bessere Ergebnisse erzielen. Mittlerweile geht der Trend immer mehr dahin, dass auch mehr Mädchen als Jungen studieren.

Es läuft also etwas falsch in der Schulausbildung von Jungen. In den letzten Jahren haben Jungen wesentlich schlechtere Schulnoten erzielt als Mädchen.

Allgemein gesprochen: Jungen lesen weniger als Mädchen, sind so aufmerksam wie ein Goldfisch, wenn es um den Unterricht und/oder die Hausaufgaben geht, und sind stark überrepräsentiert bei Bestrafungen, Ausschlüssen aus dem Unterricht und Schulverweisen.

EIN JUNGE GIBT SEINE ARBEIT AB

Aber wenn es schon schwierig ist, den Grund und das Ausmaß des Problems eindeutig zu belegen, dann erst recht, eine Lösung dafür zu finden! Pädagogen führen hitzige Debatten darüber, wie man den Bedürfnissen von Jungen in der Schule besser gerecht werden und wie man sie zum engagierteren Lernen zurückführen könnte. Zweifellos bleibt die Schule für viele Jungen ein psychologisches Ödland, in dem sie sich nicht sicher und wertgeschätzt fühlen und in dem sie meinen, nicht wirklich Gehör zu finden.

Wie man Jungen helfen kann, besser mit der Schule zurechtzukommen

Während wir auf Schulen warten, die sich die anspruchsvolle Aufgabe zum Ziel setzen, »jungenfreundlich« orientiert zu sein (beispielsweise, indem sie einen Koordinator für die Jungenförderung ernennen, der dem Thema ein Profil gibt und einige der von der Forschung erarbeiteten Empfehlungen umsetzt), gibt es einige wenige Dinge, die man unbedingt wissen sollte. Die folgenden Tipps stammen von Pädagogen, die sich über Jahre hinweg mit diesen Belangen beschäftigt haben. Vielleicht helfen Sie Ihnen und Ihrem Sohn beim häuslichen Lernen, und vielleicht lohnt es sich sogar, einmal höflich an den Schulleiter heranzutreten und ihn zu fragen, ob die Schule sie schon einmal in Erwägung gezogen hat.

Schreiben ist für viele Jungen ein Problem. Der Umfang und die Flüssigkeit ihrer schriftlichen Arbeiten können enorm gesteigert werden, wenn sie die Gelegenheit bekommen, die Dinge erst durchzusprechen, bevor sie sie aufs Papier bringen.

Erziehungswissenschaftler empfehlen, weniger Neonlicht zu verwenden, da eine gedämpfte Beleuchtung bei Jungen ein ruhigeres Verhalten fördert und gleichzeitig eine Atmosphäre schafft, in der sie besser in der Lage sind, über ihre Gefühle zu sprechen.

Und vor allem: Wenn wir Jungen nicht helfen, sich in der Schule sicher, wertgeschätzt und akzeptiert zu fühlen, werden wir bei ihnen auch weiterhin Depressionen, Ängste und sich selbst schadendes Verhalten erleben – und zwar in nicht hinnehmbarem Ausmaß. Wenn Sie also glauben, dass Ihr Sohn isoliert oder sonst irgendwie gefährdet ist, dann sollten Sie mit seinem Lehrer sprechen.

Es kann und sollte vieles getan werden. Ist dies an der Schule Ihres Sohnes der Fall? Wenn nicht, warum nicht? Ergreifen Sie die Initiative, und machen Sie sich zum Fürsprecher Ihres Kindes.

Mobbing

Mobbing sollte niemals als harmloses Schulhofritual, das vorübergeht, abgetan werden. Es ist in Schulen ein großes Problem und hat kurz-, mittel- und langfristig ernsthafte Folgen. Und trotz allem, was Sie gehört haben mögen – es geschieht in allen Schulen: staatlichen, konfessionellen und privaten.

Unter Mobbing in der Schule versteht man die psychologische, emotionale, soziale oder körperliche Schikane eines Schülers durch einen anderen (obwohl auch Lehrer und Eltern sowohl Täter als auch Zielpersonen sein können). Diese Schikane kann auf verbaler Ebene erfolgen (durch offene Beleidigungen ins Gesicht, am Telefon, durch SMS oder E-Mails), auf nonverbaler Ebene (durch Körpersprache) oder auf körperlicher

und/oder sozialer Ebene (Klatsch, Ausschluss). Das kann von direkter bis zu indirekter Belästigung gehen, von kleinen Schikanen bis hin zu regelrechter Körperverletzung, von »sich einen kleinen Spaß erlauben« bis zu Gesetzesverstoß und schwerwiegenden Straftaten.

Vielen Mobber sind sich nicht wirklich bewusst darüber, dass ihr Verhalten andere quält, aber unbewusst wissen sie sehr wohl, dass sie damit Macht über die Zielperson ausüben. Der Forschung zufolge ist fast jeder dritte Schüler schon einmal schikaniert worden, Opfer körperlicher Gewalt im Schulumfeld wurde fast jeder zehnte Schüler. Leider glauben viele, man könne gegen Mobbing nichts tun, und fast 50 Prozent aller Opfer erzählen niemandem von ihren schlimmen Erlebnissen. Von denen, die darüber reden, erzählen es die meisten zuerst ihren Freunden, dann ihren Eltern; den Lehrern berichten sie zuletzt davon. Wir wissen, dass Jungen und Mädchen gleichermaßen beteiligt sind und dass Mobbing durch Mädchen subtiler und psychologisch raffinierter ist, etwa durch Hänseln, Verspotten und Ausgrenzen.

Der Grund, warum die Schikane weitergeht, hat hauptsächlich damit zu tun, dass diejenigen, die sie beobachten, nichts deswegen unternehmen (acht von zehn Zuschauenden greifen nicht ein). Es gibt ein ungeschriebenes Schulgesetz, das da lautet: »Du sollst nicht petzen!« Es hat nicht zuletzt deshalb Bestand, weil die meisten Schüler der Meinung sind, man könne nichts dagegen tun, oder falls man etwas unternehmen würde, würde dies die Dinge nur noch schlimmer machen.

Wie erkennen Sie, ob Ihr Sohn oder Ihre Tochter schikaniert wird?

Eltern spielen eine sehr wichtige Rolle, wenn es um Mobbing geht: beim Erkennen, ob ihr Kind schikaniert wird, und auch beim Umgang damit. Achten Sie daher auf Anzeichen, die beispielsweise so aussehen können:

- Das Kind hat Angst vor dem Schulweg oder es ändert den gewohnten Weg;
- es weigert sich, überhaupt zur Schule zu gehen, und/oder es beginnt, die Schule zu schwänzen;
- es fängt an, in der Schule nicht mehr richtig mitzuarbeiten;
- es kommt immer wieder mit beschädigten oder kaputten Sachen nach Hause;
- es zieht sich immer mehr zurück, wirkt bekümmert und ängstlich;
- es weint sich in den Schlaf oder hat Alpträume;
- es »verliert« immer wieder Dinge, die ihm gehören, zum Beispiel Pausenbrote oder Geld;
- es wird unvernünftig und aggressiv;
- es bringt unplausible Ausreden vor, um solche Vorkommnisse oder Verhaltensweisen zu erklären.

- Handeln Sie sofort. Ihr Kind braucht Sie in solch einer Situation als Fürsprecher.
- Denken Sie daran, dass Schulen die Aufsichtspflicht gegenüber ihren Schülern haben. Daher sollten Sie so bald wie möglich Kontakt mit der Schule aufnehmen (den Klassenlehrer anrufen, eine E-Mail schicken oder das persönliche Gespräch suchen). Wenn Sie mit den Ergebnissen nicht zufrieden sind, gehen Sie direkt zum Schulrektor. Außerdem empfiehlt es sich, alles, was in Telefongesprächen oder Zusammenkünften gesagt worden ist, aufzuschreiben.
- Versuchen Sie nicht, Kontakt zu den Eltern des Kindes aufzunehmen, von dem Ihr Kind schikaniert wird – das ist nicht Ihre Aufgabe. Überlassen Sie das der Schule, und haken Sie beim Rektor nach, wenn man Ihrem Anliegen nicht nachkommt.
- Fordern Sie Ihr Kind nicht etwa auf, zurückzuschlagen, denn dadurch entsteht möglicherweise noch mehr Schaden. Ja, es kann sogar dazu führen, dass man Ihr Kind beschuldigt, selbst derjenige zu sein, der andere drangsaliert.

Sollte es allerdings so sein, dass Ihr heranwachsendes Kind andere mobbt, dann muss dem abgeholfen werden: Es muss sein Verhalten unbedingt ändern. Man hat herausgefunden, dass Mobbing einen negativen Einfluss auf das Lernen, auf Freundschaften, auf die Arbeit, die intimen Beziehungen, das Einkommen und die geistige Gesundheit hat. Es kann auch ein äußeres Zeichen für eine Depression sein. Daher ist es ratsam, sich professionellen Rat bei einem Therapeuten oder Schulpsychologen oder Sozialpädagogen der Schule zu holen.

Wie Sie Ihre Kinder zur Mithilfe im Haushalt bringen

»Er ist ein Faulpelz. Ich kann ihn nicht dazu bringen, auch nur einen Finger für den Haushalt krummzumachen.« Die Mutter, die mir in meinem Sprechzimmer gegenübersaß, stöhnte entnervt und zählte mir dann auf, wie viel sie für ihren heranwachsenden Sohn bügelte, wusch, Staub saugte und sauber machte. Sie hatte alles probiert: Dienstpläne, die Sie an die Kühlschranktür geheftet hatte, Belohnungssysteme, Bestechung (finanzielle Anreize, eine Art »Rubbelkarte«), verschiedene Formen der Bestrafung, Geschrei und Gebrüll. Schließlich hatte sie frustriert aufgegeben und machte nun alles selbst, damit ihr Leben nicht in eine einzige Nörgelei ausartete.

MAMA MACHT DIE HAUSARBEIT
... UND ICH DIE HAUSAUFGABEN

Das ist ein weltweites Phänomen, und es wird immer schlimmer: Eine Studie aus den USA hat gezeigt, dass die 12 bis 17-Jährigen 1985 im Durchschnitt noch wöchentlich sechs Stunden Hausarbeit verrichteten, im Jahr 1995 vier Stunden und im Jahr 2002 ganze zwei Stunden. Selbst wenn man berücksichtigt, dass Kinder heutzutage vielfach vollere Zeitpläne haben als früher, zu denen diverse Sportarten, Vereinsmitgliedschaften, außerschulische Aktivitäten, Jobs und ihre Hausaufgaben gehören, so ist es doch äußerst frustrierend für Mütter und Väter. Aber es gibt eine Lösung.

*»Es gibt nichts Verkehrtes an der jüngeren Generation,
was sich nicht auskuriert, sobald sie Steuerzahler
werden.«*

Dan Bennett

Teenager zur Mithilfe im Haushalt zu bringen, ist natürlich leichter, wenn man schon früh damit beginnt, sie dazu anzuhalten. Viele Kleinkinder betrachten diese Tätigkeiten als Spiel und ziehen eine enorme Befriedigung aus dem Lob, das ihre Eltern ihnen dafür spenden. Die frustrierte, die Hände ringende Mutter in meinem Sprechzimmer hatte einen fatalen Fehler gemacht. Aus verschiedenen Gründen hatte sie ihrem Sprössling, als er noch klein war, niemals eine verantwortungsvolle Tätigkeit im Haushalt übertragen; er war also aufgewachsen, ohne jemals das geringste Bedürfnis zu empfinden, zum reibungslosen Ablauf des Haushalts seinen Beitrag zu leisten. Und jetzt reagierte ihr heftig pubertierender Sohn verärgert, wenn sie irgendetwas von ihm verlangte.

Welchen Rat habe ich dieser Mutter also gegeben? Nun ja, zuerst erläuterte ich ihr meine persönliche Philosophie dazu, wonach jeder, der alt genug ist, Unordnung zu schaffen, auch alt genug ist, sie wieder zu beseitigen. Ich bin der festen Überzeugung, dass Kinder im Haushalt mithelfen sollten – das heißt, es ist unsere Aufgabe als Eltern, unserem Nachwuchs die Fähigkeiten beizubringen, die sie benötigen werden, wenn sie erwachsen sind. Indem sie Tätigkeiten im Haushalt übernehmen, lernen sie, Verantwortung zu tragen, und begreifen, dass keiner in einer Familie der Dienstbote ist. Schließlich sind sie eines Tages auf sich selbst gestellt und müssen in der Lage sein, ihre Wäsche zu waschen und die Toilette zu putzen. Und was das Wichtigste ist: Damit werden die Lasten auf verschiedene Schultern verteilt.

Eine Fünf-Schritte-Methode zur Behebung des »Trägheitssyndroms« bei Teenagern

Ich empfehle Ihnen ein einfaches, wenn auch nicht ganz stressfreies System. Stellen Sie sich auf stürmische Auseinandersetzungen ein: Zuerst einmal sollten Sie sich von allen Strategien, die Sie bisher angewandt haben, verabschieden. Die haben nicht funktioniert, und kein Psychologe muss Ihnen sagen, dass Sie, wenn Sie weiterhin dasselbe tun, auch weiterhin dasselbe Ergebnis erhalten. Ebenso wichtig ist es, die Drohungen und Ultimaten aufzugeben. Drohungen sind die häufigste und zugleich die wirkungsloseste Taktik, da sie automatisch eine Abwehrhaltung und einen Machtkampf zur Folge haben. Und außerdem sollten Sie sich psychisch darauf vorbereiten, dass die ersten Wochen des neuen Lebensstils schwierig und belastend sein werden. Versuchen Sie einfach, im Hinterkopf zu behalten, dass Sie da durch müssen, um Ihrem Teenager ein Gefühl für Verantwortung und für das richtige Arbeitsethos zu vermitteln.

Lassen Sie Ihre Kinder Spaß haben, während sie bei der Hausarbeit sind; das erhöht ihre Bereitschaft mitzumachen. Erlauben Sie es ihnen also beispielsweise, wenn sie beim Staubsaugen ihre Lieblingsmusik hören wollen, auch wenn sie mit voller Lautstärke durchs ganze Haus schallt.

Und nun zur Sache.

1. Beginnen Sie, indem Sie eine Liste mit altersgemäßen Hausarbeiten erstellen, die regelmäßig getan werden müssen. Sorgen Sie dafür, dass sie gleich und gerecht auf die jeweiligen Familienmitglieder aufgeteilt werden. Vereinbaren Sie einen Tag und eine Zeit für die Erledigung der Haushaltspflichten.

2. Für jedes Kind und jede Arbeit empfehle ich drei Phasen. Zuerst einmal sollten Sie zeigen, wie man die Aufgabe erledigt. Zweitens (insbesondere bei sehr jungen Teenagern) sollten Sie die Hausarbeit die ersten Male zusammen mit ihnen verrichten. Danach lassen Sie Ihr Kind die Aufgabe allein erledigen; loben Sie es, wenn es sie gut ausgeführt hat. Diese Strategie berücksichtigt, dass das Gehirn eines Heranwachsenden noch in der Entwicklung begriffen ist: Wenn Sie ihm zeigen, wie man die Hausarbeit macht, so verringert dies die Wahrscheinlichkeit, dass Sie sie anschließend selbst noch einmal machen müssen!

3. Seien Sie freigebig mit Lob – nicht mit Geld –, wenn die Arbeit gut gemacht wurde.

4. Machen Sie den Kindern begreiflich, dass es Konsequenzen haben werde, wenn sie es versäumen, ihren Haushaltspflichten nachzukommen. Diese Konsequenzen sollten Sie vorher gemeinsam besprechen. Nur wenige Jugendliche sind besonders darauf aus, den Abfall hinauszubringen; sie sind darauf aus, Spaß zu haben. Das können Sie zu Ihrem Vorteil nutzen, indem Sie ihnen eine geliebte Beschäftigung (Fernsehen, Internet oder was immer ihnen Vergnügen bereitet) untersagen, falls sie ihre Hausarbeit nicht erledigen.

5. Vermeiden Sie es, zu nörgeln oder zu schreien oder gebetsmühlenartig dutzende Male Ihre Anweisungen zu wiederholen. Beschränken Sie sich auf eine oder höchstens zwei Ermahnungen, wie beispielsweise:

»Wann in der nächsten halben Stunde willst du den Hund füttern/den Tisch decken/deine Wäsche wegräumen?« Bei der zweiten Anfrage sollten Sie mit ruhiger, aber fester Stimme sagen: »Wenn du es jetzt nicht tust, gibt es heute keinen ... (Computer oder was auch immer) mehr.« Wenn Ihr Teenager sich auch dann nicht aufrafft, sollten Sie zu Ihrem Wort stehen und ihm die geliebte Beschäftigung untersagen beziehungsweise das dazugehörige Gerät wegnehmen.

Sollen Sie etwas dafür bezahlen?

Manche Eltern bezahlen ihren Kindern etwas für geleistete Haushaltenspflichten. Ich halte das für eine gefährliche Strategie. Denn das führt dazu, dass die Kinder nicht helfen, weil dies ganz selbstverständlich zum Familienleben dazugehört oder weil sie sich nützlich fühlen wollen; vielmehr lernen sie, es als Geschäft, als Einnahmequelle zu betrachten. Das kann zu regelrechten Arbeitskämpfen mit langwierigen Lohnverhandlungen führen, in denen die Kinder behaupten, sie bekämen nicht genug und könnten woanders einen besser bezahlten Job bekommen. Und da kann Ihnen niemand mehr heraushelfen ...

Da wir Eltern in den so genannten entwickelten Ländern zunehmend unter Zeitnot leiden, gibt es viel, was wir von traditionellen Gesellschaften lernen können, wo es seit langem für Kinder normal ist, solche Pflichten zu übernehmen. Ich selbst bin in Kenia aufgewachsen und erinnere ich mich lebhaft daran, dass ich beobachtete, wie die Kinder am Ort von früh an mit Freude und offensichtlichem Stolz unter der Aufsicht der Erwachsenen Alltagspflichten übernahmen. Wir alle sollten die Vorstellung von einer Kindheit, zu der auch Arbeit gehört, begrüßen; das bedeutet natürlich nicht, dass kleine Kinder hinunter in Kohlebergwerke und auf Schornsteine hinaufgeschickt werden sollten, sondern dass man ihnen ermöglicht, nahtlos, auf quasi organische Weise ins Erwachsenenalter hineinzuwachsen.

Die Wahrheit über Lügen

> *»Der beste Lügner ist der,*
> *der mit den wenigsten Lügen*
> *am längsten auskommt.«*
> Samuel Butler

Lügen reicht von Übertreibung und Geflunker, bewusstem Weglassen oder Verschweigen und Notlügen bis hin zu glatter Unaufrichtigkeit. Dass Teenager mal lügen, ist ja nicht ganz neu und völlig überraschend, und es ist nicht gleich ein Zeichen für eine gravierende psychische Störung. Doch wenn Geflunker zu einem immer wiederkehrenden Verhalten wird, sollte man es nicht unbeachtet hinnehmen, sondern versuchen, den Grund dafür herauszufinden.

Alle, die noch niemals geflunkert oder Märchen erzählt oder rundheraus geschwindelt haben, bitte ich, einmal die Hand zu heben! Das gibt wahrscheinlich nicht so viele erhobene Hände, nehme ich an. Natürlich nicht – wie sollte es anders sein? Schließlich sind wir alle umgeben von Verwandten, Politikern, Wirtschaftsführern und Sportstars, die es hin und wieder mit der Ehrlichkeit nicht so genau nehmen. Dennoch ist Lügen ein Verhalten, das viele Eltern bei ihren heranwachsenden Kindern ganz besonders ärgert.

Jeder Teenager mit Selbstachtung hat bald erkannt, dass die größte Macht, die er gegenüber seinen Eltern ausspielen kann, die Informationskontrolle ist. Er lügt also möglicherweise, um seine Privatsphäre zu schützen oder um sein Bedürfnis nach Eigenständigkeit und Autonomie zu befriedigen. Ganz allgemein kann man sagen, je mehr sich Eltern in das Leben ihrer Kinder einmischen und je aufdringlicher sie sind, desto mehr werden Teenager lügen beziehungsweise ihnen Informationen vorenthalten. Es ist auch möglich, dass Teenager lediglich das nachahmen, was sie bei ihren erwachsenen Bezugspersonen sehen, und so zu der Überzeugung gelangen, dass Lügen in bestimmten Situationen durchaus akzeptabel ist – beispielsweise einem Freund oder einer Freundin den wahren Grund für eine angestrebte Trennung zu verschweigen, um keine Gefühle zu verletzen.

Wenn Jugendliche immer wieder ihre Freunde anlügen, könnte das auf eine geringe Selbstachtung hinweisen, da die Erfahrung zeigt, dass Jugendliche, die chronische Lügner sind, sich selbst nicht besonders mögen und schätzen. Möglicherweise versuchen diese Teenager ihren sozialen Status zu heben und die Aufmerksamkeit ihrer Freunde und Schulkameraden auf sich zu ziehen, indem sie ihnen Geschichten auftischen. Wenn Sie merken, dass Ihr heranwachsendes Kind wiederholt lügt, dann sollten Sie sich fragen, warum es dieses Bedürfnis hat. Erhält es nicht genügend Aufmerksamkeit? Ist es zur Zielscheibe von Spott oder Mobbing geworden?

Wenn ein Teenager ganz plötzlich immer wieder lügt, kann dies auch ein Zeichen dafür sein, dass in der Familie etwas nicht in Ordnung ist – insbesondere dann, wenn Ihr Kind auch auf andere Weise auffällig wird, beispielsweise indem es stiehlt oder anderer Leute Eigentum beschädigt. Seien Sie besonders wachsam, wenn die Opfer andere Mitglieder der Familie sind: Häufig ist das ein Schrei nach Hilfe. Zwanghaftes Lügen kann aber auch ein Hinweis darauf sein, dass der Jugendliche deprimiert ist und dies seine Art ist, eine Reaktion und die Unterstützung seiner gleichaltrigen Kameraden zu erhalten. In diesem Fall würde ihm eine psychologische Beratung guttun, mit deren Hilfe die Ursache gefunden werden kann. Ihr Hausarzt kann Ihnen vielleicht Hinweise auf entsprechend spezialisierte Therapeuten in Ihrer Nähe geben, oder nutzen Sie die entsprechenden Internetseiten (Links siehe im Anhang).

Wie Sie auf Lügen reagieren sollten

Wie können Sie reagieren, wenn Sie merken, dass Ihr heranwachsendes Kind Lügen erzählt? Zuerst einmal sollten Sie sich die Zeit nehmen, mit ihm ein ernsthaftes Gespräch darüber zu führen, wie wichtig Wahrhaftigkeit, Ehrlichkeit und Vertrauen zu Hause und in der Gesellschaft sind und welche Alternativen es zum Lügen gibt. Vor allem sollten Sie selbst überzeugt davon sein, dass zu Ihrem Erziehungskonzept das Fördern von Aufrichtigkeit gehört – als charakteristisches Merkmal, nicht nur als Verhaltensweise. Schließlich wollen wir, dass unsere Töchter und Söhne die Wahrheit lieben und sie nicht fürchten – und dass sie Lügen hassen und nicht bloß die Bestrafung, die damit einhergeht.

- Sie sollten wissen, dass alle Teenager von Zeit zu Zeit lügen. Gesellschaftlich akzeptierte Lügen halten gewissermaßen die Gesellschaft zusammen. In diesem Sinn lügen die meisten Menschen an einem einzigen Tag mindestens 25 Mal.

- Aber deshalb sollten Sie Lügen nicht etwa ignorieren. Die Angewohnheit und die Probleme, die dahinterstehen, werden nur noch schlimmer, wenn sie unbeachtet bleiben.

- Vermeiden Sie, eine Abwehrhaltung hervorzurufen, indem Sie Ihren Teenager bloßstellen. Sie können das Risiko eines Machtkampfs verringern, indem Sie beispielsweise sagen »Ich kann nicht recht glauben, was du mir da erzählst«, anstatt »Ich weiß, dass du lügst«. Es ist für Ihr Kind schwerer, etwas gegen Ihre Annahmen einzuwenden.

- Ziehen Sie Konsequenzen (siehe dazu Kapitel »Bringen Sie ihnen das Prinzip von Ursache und Wirkung nahe«). Leiten Sie das zum Beispiel mit folgenden Worten ein: »Es ist deine Entscheidung: Wenn du nicht ehrlich sagen willst, was du gestern Abend getan hat, dann entscheidest du damit auch, dass genau das (zum Beispiel eine Lieblingsbeschäftigung wie Computerspiele spielen) einen Tag lang nicht tun darfst.«

- Denken Sie daran, dass es einige Zeit dauern kann, bis sich ein Verhaltensmuster ändert; daher sollten Sie zuerst einmal auf Verbesserungen hoffen und nicht gleich erwarten, dass das Verhalten sofort ganz und gar verschwindet. Gewinnen Jugendliche an Selbstvertrauen, verringern sich die Gründe für ihr Lügen gewöhnlich.

Wut und Streit

Auch in gesunden Familien wird hin und wieder ge-
stritten. Im Wesentlichen geschieht dies auf dreierlei
Art und Weisen:

- konstruktiv – hier wird ein Problem besprochen und
  gelöst;
- produktiv – das Problem wird besprochen, aber
  nicht gelöst;
- destruktiv – mit Wut, Gebrüll und manchmal mit
  Gewalt.

Es ist besser, die Dinge beim Namen zu nennen, als sie
in sich hineinzufressen, sagt man. Sie sollten heiklen

Themen also nicht aus dem Weg gehen, sondern Sie offen ansprechen und gemeinsam besprechen.

Doch wenn Sie ständig mit Ihrem Teenager in Konflikt geraten, sollten Sie professionelle Hilfe in Anspruch nehmen. Sie können sich an Ihren Hausarzt wenden, der Ihnen vielleicht einen Psychologen, einen Familientherapeuten oder einen Familienmediator empfehlen wird. (Wegweiser zu Therapeuten in Ihrer Nähe sehen Sie unter »Nützliche Adressen und Links«.)

Hier sind einige Hinweise, wie Sie konstruktiv Konflikte austragen:

- Sprechen Sie aus, was Sie fühlen, aber achten Sie dabei auf Ihren Tonfall, Ihre Mimik und Ihre Körpersprache. Wenn Sie die Zähne zusammenbeißen, die Fäuste ballen und sagen »Ich bin nicht wirklich wütend ...«, vermitteln Sie eine widersprüchliche Botschaft. Und vermeiden Sie jegliche Märtyrerallüre.
- Hören Sie aufmerksam zu und nehmen Sie die Fakten zur Kenntnis. Respektieren Sie die Gefühle, Erlebnisse und Standpunkte Ihres Sprösslings.
- Denken Sie daran, dass Gewalt niemals akzeptabel ist.
- Entschuldigen Sie sich, falls Sie ausgerastet sind; auch Erwachsene machen hin und wieder Fehler. Eine Entschuldigung ist, wenn sie angebracht ist, ein lehrreiches Beispiel für Bescheidenheit.

- Sie sollten nicht überreagieren – aber auch nicht das Gegenteil tun. Ich weiß, wie schwierig das ist …
- Verlieren Sie sich nicht in Beschimpfungen. In der Hitze des Gefechts sagt man oft Dinge, die einem hinterher leid tun. Konzentrieren Sie sich auf das Verhalten, nicht auf die Person. Ein Satz wie »Ich liebe dich, nur dein Verhalten ertrage ich nicht«, könnte ein guter Anfang sein.
- Klagen Sie Ihr Kind an, beleidigen Sie es nicht und machen Sie es nicht herunter.
- Sie sollten weder versuchen, die Situation zu beherrschen, noch das Gefühl haben, Sie müssten immer »gewinnen« – es ist vollkommen in Ordnung, bei einer Auseinandersetzung auch einmal klein beizugeben.

Haben sich die Gemüter dann endlich beruhigt, ruhen Sie sich am besten für die nächste Auseinandersetzung aus – denn die kommt bestimmt!

»Der beste Ersatz für Erfahrung ist
16 Jahre alt zu sein.«
Raymond Duncan

Und hier sind ein paar Anregungen, wie Sie Konflikte vermeiden oder die Lage entschärfen können, sobald die Fronten abgesteckt sind. Bei Themen, die die Sicherheit der Teenager betreffen – beispielsweise Drogen, Alkohol, Sex und Schlaf – sollten die Eltern allerdings immer das letzte Wort haben.

- **Streiten Sie nur über Dinge, die von Belang sind**
  Mit der Energie, die Eltern dadurch vergeuden, dass sie mit ihren Kindern über Dinge streiten, die relativ unwichtig sind (der Klassiker ist das Gemeckere über ein unaufgeräumtes Zimmer), könnte man unser ganzes Land beleuchten. Das Geheimnis einer guten Beziehung zu Teenagern ist, seine Kräfte für Dinge einzusetzen, die wirklich zählen. Die Frage, die Sie sich immer wieder dazu stellen sollten, lautet:

  Stellt dies eine Bedrohung für die Gesundheit, das Wachstum und/oder die Entwicklung dar?

  Tatsächlich ist noch nie jemand an einem unordentlichen Zimmer gestorben, also lassen Sie das Thema fallen! Streiten Sie sich über Dinge, die wichtig sind (Ausgehverbote, Drogenkonsum und sexuelle Risiken).

Bewahren Sie Ruhe

Brüllen führt zu nichts, also lassen Sie das. Wenn Sie sich wie ein wütender Ochse aufführen, wird Ihr Kind das automatisch übernehmen. Jugendliche lernen am besten durch Vorbilder – Eltern, die schreien, haben gewöhnlich Kinder, die zurückschreien und taub für ihre Eltern sind. Versuchen Sie es doch mal mit betont leisem Sprechen! Und wenn Sie kurz davor stehen zu explodieren, dann zählen Sie einfach bis hundert oder gehen Sie ins Nebenzimmer (oder ins Fitnessstudio, in den Golfclub, auf den Tennisplatz oder zum Joggen). Wenn Sie aus irgendwelchen Gründen das Haus nicht verlassen können (beispielsweise, wenn Sie auch kleine Kinder haben), können Sie ins Schlafzimmer gehen und so geräuschlos wie möglich in Ihr Kissen schreien.

Passen Sie den richtigen Augenblick ab – für beide Seiten

Bewahren Sie bei Explosionsgefahr einen kühlen Kopf. Konzentrieren Sie sich auf die Situation und darauf, was akut getan werden muss. Wenn Sie das nicht können, sollten Sie auf die Auseinandersetzung verzichten.

Beurteilen Sie das Verhalten eines Teenagers nicht wie das eines Erwachsenen

Versuchen Sie, immer im Hinterkopf zu behalten, dass Sie der oder die Erwachsene sind. So schwierig es auch sein mag, wenn Sie provoziert werden: Ehe Sie den Mund aufmachen, sollten Sie daran denken, dass die Teile des Gehirns, die zuallerletzt voll ausge-

bildet werden, dafür zuständig sind, sich beruhigen, planen und organisieren zu können, und für die richtige Einschätzung von Risiken. Fragen Sie sich, ob Sie in dem Alter, in dem Ihr Teenager jetzt ist, auch zuweilen Fehler gemacht haben oder in Wut gerieten. Wie reagierten Ihre Eltern darauf, und wie fühlten Sie sich daraufhin? Was bei Ihnen damals nicht funktionierte, wird auch bei Ihren Kindern nicht funktionieren. Aber hüten Sie sich davor, dies zur Sprache zu bringen: Sobald Teenager Standpauken hören, die mit den Worten »Als ich jung war« beginnen, schalten sie ab.

Eine paar Sätze, mit denen man Konflikte entschärfen kann

- »Wir regen uns nur auf. Belassen wir's erst mal dabei, und sprechen wir lieber später noch einmal darüber.«
- »Mal sehen, ob ich das richtig verstanden habe. Ich glaube, du sagst, du hast das Gefühl, dass…«
- »Vergiss nicht, dass ich auf deiner Seite stehe.«
- »Lass uns jetzt lieber aufhören zu streiten, aber sag ruhig noch was: Ich möchte, dass du das letzte Wort hast.«

> *»Sie hatte die Kunst der Konversation verloren,*
> *aber leider nicht die Kraft der Rede.«*
> George Bernard Shaw

Wie man mit Gewalt umgeht

Machen Sie sich bewusst, dass gewalttätiges Verhalten oftmals Gefühle und Emotionen verschleiert, die Jugendliche nicht in Worte fassen können, da ihnen das Vokabular dafür fehlt. Anstatt einen Jugendlichen automatisch für ein solches Verhalten zu bestrafen, sollten Sie versuchen, an das eigentliche Problem heranzukommen. Das heißt, sobald sich alle etwas beruhigt haben, sollten Sie ein Gespräch mit Ihrem Teenager führen, um herauszufinden, was hinter dem Verhalten steht und welche Bedürfnisse gegenwärtig nicht befriedigt werden. Insbesondere Jungen brauchen eine ganze Weile, bis sie uns zu verstehen geben, welche Gefühle bestimmte Dinge in ihnen hervorrufen.

> *»Jeder kann wütend werden, das ist einfach.*
> *Aber wütend auf den Richtigen zu sein, im richtigen Maß, zur richtigen Zeit, zum richtigen Zweck und auf die richtige Art, das ist schwer.«*
>
> Aristoteles

Was tun, wenn die Dinge außer Kontrolle geraten?

Ganz gleich, wie schwierig es in hitzigen Momenten sein mag, dies ist wichtig:

- Bleiben Sie möglichst ruhig.
- Geben Sie dem Jugendlichen physisch viel Raum – wütende Teenager brauchen mehr Raum.
- Fassen Sie in Worte, was gerade vor sich geht (zum Beispiel »Ich glaube, die Dinge laufen jetzt etwas aus dem Ruder – wir benötigen Hilfe«).
- Geben Sie Ihrem Kind Hoffnung: Sagen Sie Ihrem Kind, dass alles gut werden wird.
- Entfernen Sie alle Gegenstände, mit denen Schaden angerichtet werden könnte.

Manche Kommunen bieten Unterstützung bei der Krisenbewältigung an; möglicherweise kann Ihr Hausarzt,

Ihnen eine Telefonnummer geben, unter der Sie im Notfall anrufen können. Oder recherchieren Sie im Internet zum Beispiel unter »Krisenbewältigung« und »Familienberatung« nach geeigneten Anlaufstellen in Ihrem Ort.

Wenn die Sprösslinge Autofahren lernen

Autounfälle sind eine der häufigsten Todesunfälle bei jungen Erwachsenen. Unsere Aufgabe ist es, unseren Kindern beizubringen, dass Autos mehr sind als nur Transportmittel und dass sie tödliche Waffen sein können. Wir müssen ihnen unmissverständlich klarmachen, welche Pflichten und welche Gefahren das Autofahren mit sich bringt.

Es gibt gute Gründe, warum nicht eben viele Eltern besonders viel Enthusiasmus an den Tag legen, wenn die Teenager sie bitten, ihnen das Autofahren beizubringen. Es ist ein Alptraum: Selbst wenn Sie eine herzliche Beziehung zu Ihrer Tochter oder Ihrem Sohn haben, kann es eine wahre Nervenprobe sein, neben ihr oder ihm auf dem Beifahrersitz zu sitzen, während sie beziehungsweise er erste Fahrversuche macht. Daher ist es richtig, diese Aufgabe einem ausgebildeten Fahrlehrer zu überlassen. Doch wenn die Jugendlichen ihren Führerschein dann haben, müssen sie Erfahrung sammeln, möglichst

in Begleitung eines versierten erwachsenen Autofahrers. Ich meine, dass Eltern Kindern, die gerade den Führerschein gemacht haben, in der Anfängerzeit so viel Gelegenheit wie irgend möglich geben sollten, in ihrer Begleitung Fahrpraxis zu erwerben.

Wenn die Familie auseinanderbricht

Etwa 40 Prozent aller Ehen werden geschieden; rund 150 000 Kinder sind pro Jahr in Deutschland, 10 000 in Österreich und 12 000 in der Schweiz davon betroffen. Tausende von Jugendlichen ziehen daher jede Woche zwischen zwei Haushalten hin und her oder pendeln am Wochenende zum entfernt wohnenden Elternteil –

was eine erhebliche emotionale Instabilität mit sich bringen kann.

Für Sie als Eltern gibt es sechs goldene Regeln, die Sie beherzigen sollten, wenn Sie sich zur Trennung von Ihrem Partner entschlossen haben:

1. Einigen Sie sich mit Ihrem Partner darauf, was nur Sache der Eltern ist (zum Beispiel rechtliche und finanzielle Vereinbarungen) und was Sache der Kinder ist (zum Beispiel Klärung des Aufenthalts oder Besuchszeiten).
2. Betonen Sie gegenüber Ihrem Kind immer wieder ausdrücklich, dass es keine Schuld an der Trennung trägt.
3. Machen Sie unmissverständlich klar, dass eine Versöhnung zwischen Ihnen und Ihrem Partner ausgeschlossen ist.
4. Benutzen Sie Ihr Kind weder als Sprachrohr noch als Schachfigur, falls zwischen Ihnen und Ihrem Partner ein lang anhaltender Scheidungskrieg tobt.

5. Benutzen Sie Ihr Kind nicht als Vertrauensperson oder als Kummerkasten.
6. Versuchen Sie, Ihren gewohnten Tagesrhythmus und Ihren Lebensstil möglichst aufrechtzuhalten.

Wenn Probleme auftreten, dann sollten Sie so bald wie möglich einen erfahrenen Familientherapeuten aufsuchen oder eine Familienberatungsstelle.

Erschwerend kommt hinzu, dass neuesten Statistiken zufolge einem Fünftel aller Familien in Deutschland eine Alleinerziehende oder ein Alleinerziehender vorsteht, Tendenz steigend. Außerdem weisen Forschungen darauf hin, dass bei den Jugendlichen, die in einkommensschwachen Familien, Familien mit nur einem Elternteil oder in Patchwork-Familien aufwachsen, mehr psychische Probleme zu beobachten sind. Diese Zahl kann sich noch erhöhen, wenn die Scheidung der Eltern besonders erbittert ausgefochten wird. Das heißt nicht, dass in solchen Situationen unbedingt psychische Probleme auftreten müssen, aber es heißt, dass das Risiko dafür größer ist. Daher sollten Eltern in dieser Situation besonders auf warnende Anzeichen achten (siehe im Kapitel »Depressionen und andere psychische Probleme«).

Gesundheit

Zwar sind die meisten Jugendlichen – verglichen mit der übrigen Bevölkerung – sehr gesund, aber sie leiden zunehmend unter chronischen Krankheiten. Der Großteil ihrer gesundheitlichen Probleme liegt jedoch im psychischen Bereich: Schätzungen zufolge leiden 3 bis 10 Prozent der Jugendlichen unter Depressionen, etwa 5 Prozent der Kinder und Jugendlichen haben eine behandlungsbedürftige psychische Krankheit, etwa 20 Prozent klagen über psychosomatische Beschwerden. Und das ist bei weitem noch nicht alles: Selbsttötung steht bei Jugendlichen an zweiter Stelle der Todesursachen (in Deutschland bei 10- bis 15-Jährigen 50 im Jahr 1998, bei 15- bis 20-Jährigen fast 300). Der Missbrauch

NOTAUFNAHME

illegaler Drogen von Nikotin, Alkohol, Cannabis bis Ecstasy und Heroin nimmt zu, von tödlich endenden Alkoholexzessen und »Komasaufen« lesen wir immer wieder in den Schlagzeilen. Was Teenagerschwangerschaften angeht, so werden bei 15- bis 17-jährigen Mädchen Schätzungen zufolge etwa acht bis neun von 1000 Frauen ungewollt schwanger. Die Anzahl der sexuell übertragbaren Infektionen (wie Chlamydien, eine Familie von Bakterien, die einer der häufigsten Verursacher sexueller Erkrankungen weltweit sind; in deutschen Großstädten sind bis zu 10 Prozent der jungen Frauen infiziert) bei Mädchen in der Pubertät, hat sich in den vergangenen 10 Jahren verdreifacht.

Nicht minder beunruhigend: Eine Stichprobe unter 14- bis 17-Jährigen hat ergeben, dass ein Viertel der Befragten sich schon einmal absichtlich Verletzungen zugefügt haben und 9 Prozent dies immer wieder tun.

Derart gesundheitsgefährdendes Verhalten geht mit sehr hohen persönlichen und gesellschaftlichen Kosten einher. Untersuchungen aus der ganzen Welt zeigen, dass einer der wichtigsten vorbeugenden Faktoren bei jungen Menschen eine enge Beziehung zu einem Erwachsenen ist. Daher ist es für uns Eltern wesentlich, geeignete Fähigkeiten und Strategien zu kennen und zu entwickeln, um solche Beziehungen zu fördern.

Schlaf – oder wenn man zu wenig davon hat

»Den unschuldgen Schlaf;
Schlaf, der des Grams verworrn Gespinst entwirrt,
Den Tod von jedem Lebenstag, das Bad
Der wunden Müh, den Balsam kranker Seelen,
Den zweiten Gang im Gastmahl der Natur,
Das nährendste Gericht beim Fest des Lebens.«
William Shakespeare (»Macbeth«)

Es heißt, dass wir ein Drittel unseres Lebens verschlafen. Aber die heutige e-Generation hält nicht nur der Fernseher, sondern auch der Computer und das Internet (insbesondere Online-Spiele und Chatrooms) nachts wach. Die Jugendlichen bekommen verschiedenen Studien zufolge nicht genug Schlaf, und bei vielen von ihnen sammelt sich ein so großes Schlafdefizit an, dass sie in der Schule nicht richtig mitarbeiten können. Das kann schwerwiegende Folgen für das körperliche und geistige Wohlbefinden eines Jugendlichen haben.

Neuere Studien aus den Vereinigten Staaten deuten darauf hin, dass Teenager einerseits genauso viel Schlaf brauchen wie kleine Kinder (etwa 8,5 bis 8,2 Stunden), andererseits jedoch dieses Quantum im Allgemeinen nicht annähernd erreichen: Unter der Woche schläft ein Schüler durchschnittlich nur 7,5 Stunden, und einer von vier Schülern kommt nur auf 6,5 Stunden Schlaf oder weniger. Diese Studie zeigte außerdem, dass viele Teenager eher einen 25- bis 27-Stunden-Rhythmus leben als den normalen 24-Stunden-Rhythmus, wie ihn die Erwachsenen gewöhnlich haben. Bei diesen Jugendlichen scheint der Anstieg des Melatonins (dieses Hormon wird in der Zirbeldrüse aus Serotonin produziert und steuert den Tag-Nacht-Rhythmus des menschlichen Körpers), das den Schlaf fördert, erst um 23 Uhr oder später einzusetzen, was morgens zu Problemen führt, da sie dann Mühe haben, rechtzeitig wach zu werden und pünktlich in die Schule zu kommen.

Natürlich sollte hier nicht unerwähnt bleiben, dass auch 50 bis 70 Prozent aller Erwachsenen – je nachdem, welchen Schlafexperten Sie fragen – nicht genug Schlaf bekommen und etwa 40 Prozent unter einem chronischen Schlafdefizit leiden (wobei die meisten das nicht einmal wissen). Aber die Auswirkungen von Schlaflosigkeit kennen keine Altersgrenzen. In den Phasen der Schlaflosigkeit sind die Immunzellen, die gewöhnlich Krankheiten im Körper bekämpfen, beansprucht und damit anfälliger für Infektionen von außen. Das ist auch der Grund, warum wir, wenn wir ausgepowert sind, dazu neigen, krank zu werden. Untersuchungen weisen zudem darauf hin, dass chronischer Schlafmangel auch die Fähigkeit des Körpers, Antikörper zu bilden (der Zweck jeder Impfung), beeinträchtigen kann – beispielsweise hängt unsere Reaktion auf eine Grippeimpfung von der Schlafmenge ab, die wir in den Tagen vor der Impfung hatten.

Es ist erwiesen, dass Schlafmangel einen Einfluss auf das Erinnerungsvermögen, auf die Stimmung und auf die schulischen Leistungen hat und überdies die Unfallgefahr beträchtlich erhöht. Die Ölkatastrophe der *Exxon Valdez* im Jahr 1989 in Alaska, der erste Space-Shuttle-Unfall (*Challenger*) sowie der verheerende Nuklearunfall in Tschernobyl – sie alle sind menschlichem Versagen zugeschrieben worden, in dem Schlafentzug eine Rolle spielte. Müdigkeit ist bei Autofahrern die Hauptursache für Verkehrsunfälle. In Kanada, so fand man heraus, geht die zusätzliche Stunde Schlaf, die sich daraus ergibt, wenn die Uhren zu Beginn der Sommerzeit zurückgestellt werden, mit einem Rückgang der Straßenunfälle einher.

Bekommt Ihr Teenager zu wenig Schlaf?

Es ist eindeutig, dass Ihr heranwachsendes Kind zu wenig Schlaf bekommt, wenn es beim Abendessen oder im Unterricht einschläft oder beim morgendlichen Aufwachen müde und mürrisch ist. Aber es gibt auch weniger offenkundige Anzeichen, auf die Sie achten sollten, wenn Sie wegen seiner Schlafgewohnheiten beunruhigt sind. Der Australian Sleep Foundation zufolge bekommt ein Mensch, der in weniger als fünf Minuten einschläft, zu wenig Schlaf. Andere Hinweise können sein:

- mangelnde Aufmerksamkeit und Motivation, insbesondere bei langweiligen Aufgaben, die eine anhaltende Konzentration erfordern
- Gedächtnislücken
- verminderter Unternehmungsgeist, mangelndes Urteils- und Entscheidungsvermögen
- erhöhte Reizbarkeit

Und was können Sie tun?

Ratschläge zur Schlafförderung gibt es zuhauf, und einige der für Säuglinge und Erwachsene nützlichen Strategien sind auch für Jugendliche geeignet. Die meisten Schlafexperten sind sich beispielsweise darin einig, dass regelmäßige Schlafenszeiten (das heißt, jeden Abend etwa zur gleichen Zeit ins Bett gehen) wesentlich sind. Auch wird empfohlen, das Bett nur zum Schlafen zu benutzen – und nicht zum Essen, Lesen oder Fernsehen –, was allerdings bei Jugendlichen wahrscheinlich nicht immer durchzusetzen ist.

Die positiven Auswirkungen von Bewegung und Sport auf den Schlaf sind ebenfalls hinreichend belegt. Ein paar Runden schwimmen, Fahrradfahren oder eine andere Aktivität, die man nachmittags gerne tut, fördern die abendliche Müdigkeit. Aber es ist nicht ratsam, unmittelbar vor dem Zubettgehen Sport zu treiben, denn das kann genau die gegenteilige Wirkung haben.

Nach einem harten Schultag kommen Schüler oft völlig überdreht, unruhig und angespannt nach Hause. Würden sie abends in einer solchen Verfassung versuchen einzuschlafen, wäre das ungefähr so aussichtsreich, wie wenn man einen Pudding an die Wand nageln wollte. Daher sollten Sie Ihren Teenager dazu anhalten, sich erst einmal zu entspannen und innerlich zur Ruhe zu kommen, bevor er zu Bett geht: Ein heißes Schaumbad nehmen, entspannende (keine aufwühlende!) Musik hören (wie beispielsweise Johann Pachelbels *Canon* in D-Dur), eine Zeitschrift lesen oder auch eine Fernsehshow anschauen – all das kann Jugendlichen helfen, sich auf einen guten Schlaf vorzubereiten.

Außerdem sollten Jugendliche mindestens zwei Stunden vor dem Schlafengehen keine Stimulantien wie Kaffee, Tee und Coca Cola zu sich nehmen, auch dann nicht, wenn wichtige Prüfungen anstehen. Dasselbe gilt natürlich auch für Nikotin, Alkohol und andere Drogen, die hoffentlich ohnehin nicht regelmäßig konsumiert werden. Besonders Alkohol ist ein Sedativ, das uns zwar benommen macht, aber zu ernsthaften Schlafstörungen führen kann.

Wenn Ihr heranwachsendes Kind anhaltend schlecht schläft (oder wenn dies auf Sie selbst zutrifft), sei hier angemerkt, dass heute viele große Krankenhäuser über spezielle Abteilungen verfügen, in denen Schlafstörungen behandelt werden, und dass es auch eine wachsende Anzahl von privaten Einrichtungen dafür gibt.

Sex, Liebe und all das ...

Jugendliche befinden sich wie bereits erwähnt in einer Übergangsphase, was mit vielen Experimenten und einer erheblichen Risikobereitschaft einhergeht und zu einem unbesonnenen Sexualverhalten führen kann. Zahlreiche Anzeichen wie die Häufigkeit der Notfallverhütung, der »Pille danach«, sowie Statistiken über die Nutzung von Kondomen und anderen Verhütungsmethoden deuten darauf hin, dass Jugendliche heutzutage in sexueller Hinsicht mehr Risiken eingehen.

- Jugendliche warten, nachdem sie sexuell aktiv geworden sind, im Durchschnitt ein Jahr ab, bis sie sich ein rezeptpflichtiges Verhütungsmittel verschreiben lassen.

- Zu etwa 50 Prozent aller Teenagerschwangerschaften kommt es in den ersten sechs Monaten der sexuellen Aktivität.

Es ist klar, dass wirksame Verhütungsstrategien eingesetzt werden sollten, bevor junge Menschen sexuell aktiv werden. Und frühzeitige Aufklärung ist notwendig.

Im Allgemeinen werden unsere Jugendlichen mit unzähligen Ansichten und Haltungen zu Sex und Sexualität bombardiert – von Gleichaltrigen, von den Medien, von den Lehrern, ja selbst von den Politikern. Leider vermitteln sie ihnen oft verwirrende Botschaften. Obwohl sie sicherlich auch gesundheitsrelevante Informationen enthalten, die auf die Risiken hinweisen, die mit der sexuellen Aktivität einhergehen, werden diese Botschaften doch auch von einer ständigen Flut von Medienbildern begleitet, die die Vorstellung fördern, dass ein sexuell aktiver junger Mensch viel attraktiver, welterfahrener und ganz allgemein »cooler« ist als die noch nicht sexuell aktiven Gleichaltrigen. Somit lautet der Kern der widersprüchlichen Botschaft: »Sei sexy, aber tu's nicht!« Es ist daher wichtig, ein Umfeld zu schaffen, in dem die Jugendlichen ungezwungen über Sex sprechen können. Sie als Eltern können diesen verwirrenden Botschaften auf folgende Weise entgegenwirken:

- Sprechen Sie mit Ihrem Kind darüber, dass romantische und/oder sexuelle Gefühle während der Pubertät normal sind und in der Mitte der Adoleszenz einsetzen.
- Denken Sie daran, dass Jugendliche ihre Intimsphäre brauchen, um sich mit neuen Gefühlen und Gedanken auseinanderzusetzen, dass sie aber auch auf die Unterstützung und das Verständnis ihrer Eltern an-

DEIN VATER HAT MEINEN NABEL ERST GESEHEN, ALS WIR VERHEIRATET WAREN

gewiesen sind, während sie ihre Erfahrungen in verschiedenen Beziehungen machen. Suchen Sie als Eltern daher nach Wegen, wie Sie Ihre heranwachsenden Kinder unterstützen und dies auch zeigen können: Sie sollten wissen, wer ihre Freunde sind und für wen sie gerade schwärmen, und sagen Sie Ihren Kindern, dass Sie für alle Fragen offen sind. Halten Sie Ausschau nach geeigneten Gesprächsaufhängern: Wenn Sie etwas über Sexualität oder Beziehungen lesen, sehen oder hören, dann können Sie die Gelegenheit nutzen, um ein Gespräch in Gang bringen. Und wenn Sie das tun, sollten Sie immer auch über Ihre eigenen Erfahrungen und die Ihrer Freunde reden – zögern Sie nicht, klar und deutlich Ihre Ansichten auszusprechen, und zeigen Sie, was Sie selbst fühlen.

- Finden Sie heraus, wie viele Erwachsene es gibt, bei denen Ihre Kinder sich innerlich frei genug fühlen, über sexuelle Belange zu sprechen. Sagen Sie den Kindern, dass sie über alles mit Ihnen sprechen können, aber dass Sie, falls Ihrem Kind das unangenehm ist, es wichtig finden, dass es einen anderen Erwachsenen gibt, mit dem es über Sexualität und Beziehungen reden kann und möchte.

- Ganz gleich, wie viel Teenager über Sex »wissen« (zum Beispiel durch Aufklärungsunterricht in der Schule oder durch Zeitschriften) – sie haben keine reale Vorstellung davon. Gehen Sie also nicht davon aus, dass Sie darauf verzichten können, ihnen Ihre Lebenserfahrungen über Beziehungen mitzugeben.

- Teilen Sie Ihren Teenagern Ihre persönlichen Vorstellungen über Sex mit, wenn Sie es wollen, aber die oberste Priorität sollte immer die Sicherheit sein. Außerdem sollten die Heranwachsenden einen Arzt beziehungsweise eine Ärztin haben, zu der sie Vertrauen haben.

Die 5 wichtigsten Irrtümer von Teenagern über Sex

Sie sollten das Gespräch über sexuelle Belange nie abreißen lassen, denn das hilft, den folgenden irrigen Annahmen entgegenzuwirken, die in der Vorstellungswelt vieler Teenager nach wie vor herumspuken.

1. Jeder Mensch hat Sex.
2. Sex ist gefahrlos, wenn man Kondome benutzt.
3. Jeder Mensch ist heterosexuell.
4. Man bekommt die Pille nicht ohne die Erlaubnis der Eltern verschrieben.
5. Ich bin nicht gefährdet, mich mit sexuell übertragbaren Infektionen anzustecken.

Der familiäre Aspekt

Sie sollten wissen, dass die Beziehung, die ein Teenager in dieser Zeit zu dem Elternteil des anderen Geschlechts hat, äußerst wichtig zu sein scheint und gewöhnlich richtungsgebend für die Beziehungen ist, die der Teenager in Zukunft zu anderen Erwachsenen haben wird. Wenn die familiären Beziehungen nicht intakt sind, neigen Teenager außerdem dazu, sich außerhalb ihrer Familie Beziehungen zu Erwachsenen zu suchen oder in solche hineinzurutschen. Und wenn sie in dieser Phase in einer ungleichgewichtigen Machtbeziehung gefangen sind, werden sie diese Art Beziehung vermutlich ihr ganzes Leben lang führen, denn wir alle haben die Tendenz, unsere frühen Liebesbeziehungen immer wieder zu wiederholen.

Viele Eltern finden, dass Sex ein schwieriges, oft peinliches Thema ist, und empfinden eine große Erleichterung darüber, dass Sexualkunde heutzutage zum Lehrplan gehört. Doch leider konzentriert sich der Aufklärungsunterricht in vielen Schulen lediglich auf den Unterleib und auf sexuell übertragbare Infektionen und Krankheiten. Nur in wenigen Schulen kommen auch die menschlichen, nichtklinischen Aspekte von Sex und Sexualität zur Sprache: Beziehungen, Intimität oder Alternativen zum Geschlechtsverkehr wie Petting (beziehungsweise alles, was, abgesehen von der Penetration, Lust spendet).

Dass Sexualkundeunterricht oft so wenig realitätsnah gestaltet wird, hat mit der merkwürdigen und unbegründeten Ansicht zu tun, Aufklärung führe bei Jugendlichen dazu, dass sie übermäßig früh sexuell aktiv werden. Mit anderen Worten: Wenn man ihnen etwas darüber erzählt, dann tun sie's. Doch viele Ärzte meinen, dass dieses Schweigekomplott im Gegenteil einer der Hauptgründe in Australien für die hohen Raten der ungewollten Schwangerschaften und sexuell übertragbaren Infektionen bei Teenagern ist. Tatsächlich sind die Raten in Ländern mit liberaleren Ansichten – wie beispielsweise Norwegen – viel niedriger.

Lehnen Sie sich also nicht zurück, in der Hoffnung, dass Ihrem jungen Teenager in der Schule offene und

freimütige Gespräche über Sex geboten werden, denn das ist selten der Fall. Die allgemeine Zurückhaltung wird manchmal dadurch verstärkt, dass manchem Lehrer (die sich natürlich nicht von der übrigen Bevölkerung unterscheiden) dieses Thema Unbehagen einflößt. Und einige fürchten sogar, wenn sie mit Schülern über Sex reden würden, könnte dies als pädophile Anmache von Minderjährigen missverstanden werden.

Man kann gar nicht oft genug sagen, dass die große Herausforderung für Eltern darin besteht, ein Umfeld zu schaffen, in dem die Jugendlichen keine Scheu haben, über Sex und Sexualität zu reden. Der verstärkte Sexualtrieb, den Kinder in der Pubertät zu spüren beginnen, kann verwirrend, ja sogar beängstigend für sie sein. Es ist schwierig, diese seltsamen neuen Gefühle mit den

Schulkameraden oder den Jungen und Mädchen von nebenan in Verbindung zu bringen; daher ist es ganz normal, dass die Jugendlichen sie stattdessen auf einen Film- oder Popstar, auf Sportler oder Lehrer projizieren: das typische Teenagerschwärmen, das sich – hoffentlich – auf romantische Fantasien beschränkt, die gefahrlos in ihren Vorstellungen und Träumen herumgeistern. In der Mitte der Pubertät beginnen die Jugendlichen naturgemäß, ihre sexuellen Gefühle auf Gleichaltrige zu lenken.

Die meisten Jugendlichen werden Ihnen erzählen, dass sie sich einem immensen Druck ausgesetzt fühlen, sexuell aktiv zu werden. Manche beginnen nur deshalb eine sexuelle Beziehung, weil ihre Freunde finden, Sex sei etwas »Cooles«. Andere fühlen sich von dem Menschen, mit dem sie liiert sind, dazu gedrängt, und noch größer ist die Anzahl derer, die es leichter finden, nach-

zugeben und sich auf den Sex einzulassen, als den Versuch zu machen, zu erklären, warum sie es nicht wollen. Viele heranwachsende Mädchen verlieren sich in romantischen Gefühlen und glauben, sie könnten ihrem Freund ihre Liebe am besten beweisen, indem sie mit ihm schlafen.

»Mama, Papa, ich bin schwul/ich bin lesbisch«

Manche Eltern werden irgendwann mit einer solchen oder ähnlichen Mitteilung konfrontiert. Das kann eine harte Probe für ihre Toleranz, ihre Wertvorstellungen, ihre Überzeugungen, ja sogar für ihre Selbstachtung sein. Viele Eltern sehen für ihre Söhne und Töchter eine

Zukunft voraus – ja, sie malen sich diese manchmal regelrecht aus –, zu der eine Ehe und Enkel gehören. Und wenn sie erfahren, dass ihr Kind homosexuell ist, zerplatzen diese Träume – die oftmals nie wirklich ausgesprochen wurden.

Wahrscheinlich werden Sie sich eine Menge Fragen stellen. Wie und warum werden Menschen homosexuell? Ist es meine Schuld? Was kann ich tun? Es gibt zahlreiche Theorien über die Ursachen für Homosexualität; was immer die Gründe sein mögen – es wird immer Familien mit homosexuellen Söhnen und lesbischen Töchtern geben. Die wichtige Frage ist, wie wir als Eltern damit umgehen.

Ich will an dieser Stelle darauf hinweisen, dass viele junge Menschen Ihre Sexualität von Zeit zu Zeit neu hinterfragen. Dass sie sich von jemandem angezogen fühlen, der das gleiche Geschlecht hat, ist durchaus nichts Ungewöhnliches und kann auch einfach nur eine Schwärmerei sein, aus der sie herauswachsen werden. Aber wenn Ihr Kind tatsächlich homosexuell ist – wie können Sie die Dinge dann am besten angehen?

Zuerst einmal sollten Sie sich genaue, aktuelle und zuverlässige Informationen darüber beschaffen. Einen ersten Zugang bietet das Internet (siehe Anhang).

Das Wichtigste ist vielleicht, ruhig zu bleiben. Versuchen Sie, Ihre Vorstellungen von Homosexualität und

Ihre Ansichten darüber von der Liebe, die Sie für Ihren Sohn oder Ihre Tochter empfinden, zu trennen. Seien Sie offen, seien Sie einfühlsam, und bieten Sie vor allem Rückenstärkung, Unterstützung und Ihr Verständnis an. Lassen Sie Ihr Kind wissen, dass Sie es lieben, ungeachtet seiner sexuellen Orientierung. Denken Sie daran, dass viele junge Menschen viele Monate, ja ganze Jahre in einem lähmenden Zustand der Angst zubringen, gequält von bangen Fragen, wie ihre Familien wohl auf etwas reagieren werden, über das sie selbst keine Kontrolle haben. Viele fürchten, aus dem Elternhaus geworfen zu werden; daher sprechen sie nicht darüber und tun sich schwer damit, Unterstützung in Anspruch zu nehmen. Untersuchungen zeigen, dass bei homosexuellen Jugendlichen das Risiko, Mobbingopfer zu werden, unter Depressionen oder Ängsten zu leiden, selbstmordgefährdet zu sein oder illegale Drogen zu nehmen, viel größer ist als bei heterosexuellen Gleichaltrigen.

Nochmals: Wenn die Homosexualität Ihres Kindes für Sie schwierige Fragen aufwirft, sollten Sie sich professionellen Rat und Beistand holen.

Was ist, wenn Sie bloß vermuten, Ihr Kind könnte homosexuell sein?

Wenn Sie die Vermutung haben, Ihr heranwachsendes Kind könnte schwul oder lesbisch sein, sich dessen aber nicht sicher sind, dann sollten Sie es nicht geradeheraus fragen, sondern sollten Ihrem Kind zu verstehen geben, dass Sie keine Probleme mit dem Thema haben. Sobald sich ein geeigneter Augenblick bietet, sollten Sie Ihren Sohn oder Ihre Tochter behutsam und freundlich fragen, ob er oder sie sich von Menschen desselben Geschlechts angezogen fühlt. Sie können Ihr Kind auch fragen, wie lange es schon diese Art Gefühle hat, und ihm zu verstehen geben, dass Sie bereit sind und den Wunsch haben, auch ausführlicher mit ihm darüber zu sprechen – falls er oder sie dies möchte.

Drogen

Eines der Dinge, die Eltern am meisten fürchten, ist, Ihr Kind könnte gesundheitsgefährdende und/oder illegale Drogen ausprobieren oder, noch viel schlimmer, davon abhängig werden. Natürlich ist das kein neues Problem. In den 80er Jahren des vergangenen Jahrhunderts führte Nancy Reagan, die damalige First Lady der Vereinigten Staaten, eine Antidrogenkampagne mit dem Slogan »Just say no« – zu Deutsch »Sag einfach nein«. Dahinter stand die Idee: Wenn man jungen Menschen kreative Möglichkeiten zeigt, nein zu Drogen zu sagen, und gleichzeitig ihr Selbstwertgefühl stärkt, werden sie keine Veranlassung mehr haben, zu diesen gefährlichen Suchtmitteln zu greifen.

Heute werden in den Medien noch immer »Experten« zitiert, die steif und fest behaupten, Eltern könnten den Krieg gegen die Drogen ganz einfach dadurch gewinnen, dass sie ihre Kinder auffordern, nein dazu zu sagen. Doch diese vermeintliche Patentlösung ist vollständig widerlegt worden: Einem Artikel aus dem *Journal of Consulting and Clinical Psychology* (August 1999) zufolge hat die »Just say no«-Kampagne nicht nur die Häufigkeit der Drogenexperimente unter Jugendlichen nicht gesenkt, sondern dafür vielmehr das Selbstwertgefühl der Jugendlichen. Die Ergebnisse waren katastrophal: Die 20-Jährigen, die mit der Kampagne in Berührung gekommen waren, hatten darum nicht etwa weniger Zigaretten geraucht, weniger Alkohol getrunken oder weniger illegale Drogen genommen (Marihuana, Speed, Kokain oder Heroin). Was den Drogenkonsum betraf, so gaben sie dem Druck von Gleichaltrigen genauso nach wie die Kinder, die niemals irgendetwas mit diesem Anti-Drogen-Feldzug zu tun gehabt hatten. Aber das war noch nicht alles. Diejenigen, denen der Slogan »Just say no« eingehämmert worden war, besaßen zehn Jahre später ein geringeres Selbstwertgefühl als diejenigen, die niemals damit Kontakt gehabt hatten. Überdies ergab eine Studie, die an der Universität von Illinois durchgeführt worden war, dass manche Highschool-Schüler, die an »Just say no«-Programmen teilgenommen hatten, *mehr* dazu neigten, Drogen zu nehmen, als ihre gleichaltrigen Kameraden!

Ganz eindeutig funktioniert diese Form von Drogen-prävention nicht. Woher stammte dieser Slogan eigent-lich, und warum spukt er immer noch in den Köpfen vieler Eltern herum?

Wissen, warum und wie sie ablehnen können

Die größten Schwachpunkte des Slogans »Just say no« sind seine allzu starke Vereinfachung des Problems und seine panikmachende Behauptung, Drogenmissbrauch laure praktisch überall. Jugendliche reagieren nie po-sitiv auf plumpe Verallgemeinerungen, und diese Art Anti-Drogen-Rhetorik barg und birgt weiterhin die Gefahr, Jugendliche scharenweise »abzutörnen«. Noch gefährlicher aber ist Folgendes: Lässt man Drogen auf diese Weise als weiter verbreitet oder »normaler« er-scheinen, als sie es in Wirklichkeit sind, treibt man die Jugendlichen, die eine besonders hohe Anfälligkeit da-für haben (weil sie ängstlich oder deprimiert sind), gera-dezu zu diesen Suchtmitteln, da sie sie dann nehmen, um irgendwo dazuzugehören oder als Mittel der Flucht.

Wie schon oft gesagt, haben wir den Kampf gegen die Drogen in Wahrheit schon vor Jahren verloren, und Untersuchungen zeigen, dass alle heranwachsenden Kinder – Ihre und meine – relativ früh in ihrer Pubertät sowohl mit gesetzlich erlaubten als auch mit illegalen Drogen in Kontakt kommen werden.

Meiner Meinung nach werden die Unterweisungen in den Schulen, die unsere Teenager »drogensicher« machen sollen, massiv überschätzt. Wir alle müssen viel realistischer in Bezug auf das sein, was Drogenaufklärung in den Schulen vermag und was nicht. »Schadensminimierung« ist ein viel realistischerer Weg: Das heißt, man vermittelt jungen Menschen die Fähigkeiten, die Kenntnisse und die Strategien, um richtig damit umzugehen, wenn ihnen Drogen angeboten werden. Was wir unseren heranwachsenden Kindern vermitteln sollten, ist nicht das schlichte »Nein«, sondern das »Warum nicht« und auch das »Wie nicht«. Also »Know-how« statt »no«.

Dennoch ist die schulische Drogenaufklärung nicht abzulehnen; unsere Jugendlichen brauchen sie, insbesondere wenn sie richtig eingeschätzt und von Lehrern geboten wird, die in geeigneter Weise dafür geschult

worden sind. Aber die bei weitem wichtigsten Mentoren sind die Eltern, denn mit ihnen wachsen die Jugendlichen zu Hause auf.

Was können Sie wirklich tun?

Geht es darum, wie wir die Gefahr verringern können, dass unsere Kinder sich auf riskante Verhaltensweisen – wie beispielsweise Drogenkonsum – einlassen, spielen wir Eltern eine zentrale Rolle, und zwar indem wir als gute Vorbilder und Informationsquellen dienen.

Wie bereits erwähnt, können Sie Risiken dieser Art am besten dadurch vorbeugen, dass Sie zu Ihrem heranwachsenden Kind eine gute Beziehung pflegen. Natürlich ist es außerdem wichtig, den Jugendlichen genaue und aktuelle Informationen zu geben, damit sie sich in Kenntnis der Dinge entscheiden können, falls man ihnen Suchtmittel anbietet. Informieren können Sie selbst sich daher bei einer entsprechenden Beratungsstelle in ihrer Gemeinde.

5 Top-Tipps zur Vorbeugung

1. Sobald Ihr Teenager in die Pubertät kommt, sollten Sie ihn dazu anhalten, nach der Schule Aktivitäten nachzugehen, die er mag und die von Erwachsenen

angeboten oder begleitet werden: Das können künstlerische Interessen wie Musik, Theater und Tanz sein oder auch sportliche. Haben junge Menschen eine Freizeitbeschäftigung, die ihnen Spaß macht, die sie mit Freunden teilen können und die ihnen die Möglichkeit gibt, gefahrlos aufregende Dinge zu erleben und Erfolg zu haben, so trägt das zur Stärkung ihres Selbstvertrauens bei, und das macht sie weniger anfällig dafür, Dogen zu nehmen.

2. Helfen Sie Ihren Kindern, schlagfertig zu werden und immer eine Antwort parat zu haben, wenn sie in Situationen geraten, wo ihnen Alkohol oder Drogen angeboten oder sogar aufgedrängt werden. (»Ich werd aus meinem Fußballverein rausgeworfen, wenn man mich mit Drogen erwischt«; »Ich kann nicht, ich hab morgen eine wichtige Klausur«; »Nein danke, ich habe momentan ansteckende Herpesbläschen an meiner Lippe.«) Erzählen Sie von Ihren eigenen Erfahrungen und davon, was bei Ihnen selbst funktionierte.

3. Sie sollten die Freunde Ihrer heranwachsenden Kinder und deren Eltern kennenlernen. Nehmen Sie Kontakt zu diesen Eltern auf, damit Sie wissen, ob Sie Ihre Ansichten über Alkohol, Tabak oder andere Suchtmittel teilen. Wenn möglich, bringen Sie Ihre Kinder von Freunden ab, die Drogen nehmen oder wenig Interesse für die Schule zeigen. Beispielsweise können Sie Ablenkungen in Form von neuen und spannenden Unternehmungen vorschlagen und anbieten, dass Sie Fahrdienste übernehmen für Treffen

Ihres Teenagers mit Kindern, die Ihnen sympathisch sind und denen Sie vertrauen.

4. Wenn Freunde Ihres Teenagers eine Party veranstalten, rufen Sie die Eltern an. Vergewissern Sie sich, dass die Party von Erwachsenen beaufsichtigt beziehungsweise begleitet wird, insbesondere wenn die Jugendlichen noch unerfahren sind und/oder Jugendliche eingeladen sind, die als Risikoträger bekannt sind.

5. Sprechen Sie mit Ihren Sprösslingen ab, wann sie nach Hause kommen sollen – und drängen Sie auf die Einhaltung der Vereinbarung (siehe das Kapitel »Bringen Sie ihnen das Prinzip von Ursache und Wirkung nahe«).

Depressionen und andere psychische Probleme

Psychische Erkrankungen wie Depressionen, Ängste und Essstörungen können so stark auf einen Heranwachsenden wirken, dass er Mühe hat, den Alltag zu meistern, und – was noch schlimmer ist – sie können die Beziehungen zerrütten, die der Jugendliche zu seiner Familie, seinen Freunden und seinen Lehrern hat.

Viele Teenager investieren eine Menge Energie, um eine Fassade aufzubauen, die die anderen täuschen soll, und viele leiden unter unerträglicher Einsamkeit, unter Ängsten und Depressionen. Daher müssen wir als Eltern unbedingt den Unterschied zwischen dem normalen Verhalten von Teenagern und Anzeichen für eine ernsthafte Erkrankung kennen.

Klinische Erfahrungen verweisen darauf, dass eine frühe Diagnose und sofortige Behandlung zu guten Ergebnissen führen, aber leider ergab eine Studie aus dem Jahr 2000, dass die Hälfte der Jugendlichen, die unter einer psychischen Störung leiden, niemals deswegen behandelt werden. Der Grund dafür ist, dass viele junge Menschen keine Ahnung haben, wo sie sich helfen lassen können, und Eltern und Lehrer nicht wissen, auf welche Anzeichen sie achten sollen.

Fast alle Eltern, die ich kenne, wünschen sich, dass ihre Sprösslinge glücklich, gesund und psychisch stabil sind, dass sie die Fähigkeit entwickeln, sich Widrigkeiten zu stellen, sie zu überwinden und daran zu reifen – kurzum, belastbare Kinder, die sich im Allgemeinen wohl in ihrer Haut fühlen. Doch hin und wieder fällt Eltern vielleicht etwas an ihren heranwachsenden Kindern auf, worüber sie beunruhigt sind und was sie zweifeln lässt an der Fähigkeit ihrer Kinder zurecht zu kommen. Untersuchungen zeigen, dass einer von fünf Jugendlichen unter emotionalen Problemen leidet, die so Besorgnis erregend sind, dass es angeraten ist, professionelle Hilfe in Anspruch zu nehmen. Die entsprechenden Symptome können von eher geringfügigen Anzeichen von Depression und Ängstlichkeit bis hin zu gravierenden seelischen Nöten und Dysfunktionen gehen, die lebensbedrohlich sein können.

- **Häufige Traurigkeit, Niedergeschlagenheit, Weinen**

  Deprimierte Jugendliche sind zuweilen sehr weinerlich oder häufig den Tränen nahe. Es kommt vor, dass sie aus gar nicht erkennbarem Grund weinen.

- **Düstere Kleider, Schriften und Musik**

  Deprimierte Jugendliche zeigen ihre Traurigkeit und ihre Verzweiflung manchmal dadurch, dass sie schwarze Kleider tragen, Gedichte mit morbider Thematik schreiben oder sich mit Musik beschäftigen, die einen nihilistischen Inhalt hat.

- **Mangelnde Hygiene und Körperpflege**

  Manche Jugendliche haben das Gefühl, das Leben sei die Anstrengung nicht wert, auf sein Äußeres zu achten.

- **Hoffnungslosigkeit**

  Sie glauben möglicherweise, dass sich eine sehr belastende Situation, in der sie gerade stecken, nie ändern wird, und sind pessimistisch hinsichtlich ihrer Zukunft.

- **Vermindertes Interesse, etwas zu unternehmen**

  Unglückliche Teenager werden oftmals apathisch und zeigen keinerlei Interesse mehr für irgendwelche

Vereine oder sportliche und andere Aktivitäten, die ihnen früher Spaß machten. Jetzt scheint ihnen nichts mehr Freude zu bereiten.

▪ Anhaltende Langeweile und/oder wenig Energie

Man hört von deprimierten Teenagern häufig den Satz: »Alles ist so langweilig.« Mangelnde Motivation und verminderte Energie können sich in Schulschwänzen oder Schulverweigerung niederschlagen, und die daraus folgende Verschlechterung der Noten kann durch den Konzentrationsmangel und das verlangsamte Denken noch verschlimmert werden.

▪ Soziale Isolation

Wenn Jugendliche sehr unglücklich sind, neigen sie zuweilen dazu, sich von ihren Freunden und der Familie zurückzuziehen. Selbst diejenigen, die zuvor viel Zeit mit ihren Freunden verbrachten, verbringen nun viel Zeit allein und ohne irgendwelchen Interessen nachzugehen. Vielleicht teilen sie anderen ihre Gefühle nicht mit, weil sie glauben, dass niemand ihnen zuhört und an ihren Belangen Anteil nimmt.

▪ Schuldgefühle und geringe Selbstachtung

Die Jugendlichen meinen möglicherweise, sie trügen die Schuld an bestimmten widrigen Vorkommnissen oder Umständen, kommen sich wie Versager vor und denken negativ über ihre Kompetenz und ihren Selbstwert. Da sie sich selbst als wertlos betrachten, werden sie mit jeder – vermeintlichen – Ablehnung und jedem Mangel an Erfolg deprimierter.

Erhöhte Reizbarkeit, Wut und Feindseligkeit

Eines der Hauptmerkmale bei deprimierten Jugendlichen ist ihre starke Reizbarkeit, wobei sie ihre Frustration und Wut auf ihre Familie projizieren. Sie greifen andere dann oft an, indem sie übermäßig kritisch, sarkastisch oder ausfällig sind – denn sie haben das Gefühl, dass sie ihre Familie ablehnen müssen, bevor ihre Familie sie ablehnt.

Häufige Klagen über körperliche Beschwerden, wie Kopf- oder Bauchschmerzen

Manchmal klagen deprimierte Teenager über eine ganze Anzahl von psychosomatischen Symptomen, darunter Benommenheit oder Schwindel, Übelkeit oder Rückenschmerzen. Andere häufige Beschwerden sind Kopfschmerzen, Erbrechen und (bei Mädchen) Menstruationsbeschwerden.

Störendes Verhalten in der Schule

Teenager, die sich zu Hause oder in der Schule als Störenfriede gebärden, sind möglicherweise deprimiert, wissen es aber selbst nicht. Da sie nicht immer traurig wirken, erkennen die Eltern und Lehrer dann nicht unbedingt, dass ihr Verhalten ein Anzeichen für eine Depression ist.

Ungenügende Konzentration

Da diese Jugendlichen in ihrem Inneren unwillkürlich immerzu von unerwünschten und negativen Gedanken gequält werden, haben sie möglicherweise Schwierigkeiten, sich auf ihre Schulaufgaben zu konzentrieren, einem Gespräch zu folgen, ein Buch zu lesen oder auch nur fernzusehen.

Eine erkennbare Veränderung im Ess- oder Schlafverhalten

Schlafstörungen können sich darin zeigen, dass die Jugendlichen die ganze Nacht fernsehen, morgens nur mit großer Mühe aus dem Bett kommen oder tagsüber schlafen. Oft können sie schlecht einschlafen, wachen nachts häufig auf oder haben die Angewohnheit, schon in aller Herrgottsfrühe wach zu sein. Manche essen aus Frust – etwas, was häufiger bei Mädchen zu beobachten ist und zu Gewichtszunahme und Fettleibigkeit führen kann. Doch auch Appetitverlust kommt oft vor.

Versuche, von zu Hause wegzulaufen, oder die Ankündigung, es zu tun

Wenn ein Kind von zu Hause wegläuft, so ist das gewöhnlich ein Schrei nach Hilfe. Manchmal erkennen Eltern erst dann zum ersten Mal, dass ihr Kind ein Problem hat und Hilfe benötigt.

- **Alkohol- oder Drogenmissbrauch**
Deprimierte Teenager trinken manchmal zu viel Alkohol oder nehmen Drogen, um sich besser zu fühlen. Auch Marihuana ist eine weit verbreitete Form der »Selbstmedikation«. Man hat jedoch herausgefunden, dass regelmäßiger Marihuanakonsum die Symptome von Depression und Angst verstärkt, insbesondere bei Mädchen.

- **Selbstverletzendes Verhalten**
Teenager, denen es schwerfällt, über ihre Gefühle zu sprechen, bringen ihre emotionalen Spannungen, ihr körperliches Unbehagen, ihren Schmerz und ihre geringe Selbstachtung zuweilen dadurch zum Ausdruck, dass sie sich selbst verletzen – beispielsweise indem sie sich Schnitte zufügen.

Essstörungen

Essstörungen beeinträchtigen jährlich das Leben Tausender Jugendlicher, in Deutschland zeigen etwa 30 Prozent der jungen Mädchen Hinweise auf eine Essstörung; weit weniger Jungen sind betroffen, aber auch etwa 15 Prozent. In Deutschland starben an Essstörungen 40, in Österreich 5 Menschen im Jahr 2004 (laut WHO). Die traurige Entwicklung nimmt zu; laut statistischem Bundesamt starben in Deutschland im Jahr 2008 fast 100 Menschen durch Essstörungen. Leider gibt es kaum wissenschaftliche Beweise für eine Wirksamkeit herkömmlicher Behandlungen. Heute wissen wir, dass Essstörungen viel leichter zu verhindern als zu heilen sind. Wir Eltern haben viele Möglichkeiten zu helfen – im Kontext der Familie. Denken Sie daran, dass das, was Sie tun, einen viel wichtigeren Einfluss hat als das, was Sie sagen.

Der Wissenschaft zufolge haben die genetischen Faktoren, die die Persönlichkeit bestimmen, mehr Wirkung auf die Entwicklung von Essstörungen, als früher angenommen. Anscheinend werden diese Faktoren aktiviert, wenn eine anfällige Person beginnt, ihre Kalorienzufuhr zu reduzieren, in dem Glauben, ihr Leben würde irgendwie glücklicher, wenn sie abnimmt. Es kommt vor, dass Eltern sich jetzt schuldig fühlen oder die Sachlage schlicht leugnen. Keines von beiden ist sinnvoll: Anstatt darüber zu klagen, was Sie getan oder was sie versäumt haben, sollten Sie aktiv werden und einen Termin mit einem Psychologen vereinbaren, um die Situation einschätzen zu lassen. Je eher die Behandlung beginnt, desto leichter wird es sein, den Dingen eine andere Wendung zu geben. Je länger die Symptome unbeachtet bleiben und je länger Sie hoffen, dass es »nur so eine Phase« ist, desto schwieriger wird der Weg der Genesung sein.

Eine neue Methode aus Schweden geht davon aus, dass Essstörungen keineswegs eine seelische Erkrankung sind und auch nichts mit der familiären Dynamik oder erlittenen körperlichen oder seelischen Misshandlungen zu tun haben, sondern dass Menschen in einen Krankheitskreislauf geraten, wenn sie hungern und zwanghaft Sport treiben. Bei etwa 75 Prozent der in Schweden getesteten Patienten war nach nur zwölfmonatiger entsprechender Behandlung ein Abklingen der Symptome zu beobachten.

So erkennen Sie mögliche Essstörungen

- An einer deutlichen Gewichtszunahme oder -abnahme, die nichts mit einer körperlichen Krankheit zu tun haben.
- An abnormen Essgewohnheiten, wie strenges Diäthalten, Vorlieben für ausgefallene Nahrungsmittel, sehr zurückhaltendes oder ritualisiertes Verhalten bei den Mahlzeiten oder heimliche Heißhungerattacken; damit verbunden sein können selbst ausgelöstes Erbrechen, Phasen des Hungerns oder die Einnahme von Abführmitteln, Diätpillen oder Entwässerungstabletten.
- An einer intensiven Beschäftigung mit dem eigenen Gewicht und der körperlichen Erscheinung.
- An zwanghaftem oder übermäßigem Sporttreiben.
- An Gefühlen der Isolation, Depression und Reizbarkeit.

Jugendliche mit Essstörungen verschließen oft die Augen vor den Tatsachen und lehnen damit Angebote zur Hilfe ab; sie ziehen es vor, sich abzukapseln. Es kann eine Mutter oder einen Vater zur Weißglut bringen, wenn ihr Kind bestimmte Verhaltensweisen an den Tag legt, die mit diesen Störungen zusammenhängen, beispielsweise wenn es Nahrungsmittel versteckt, anstatt sie zu essen.

1. Seien Sie immer bereit zuzuhören; versuchen Sie, Ihr Kind zu verstehen; und sprechen Sie immer in Ruhe über die Dinge. Geben Sie Ihr Kind niemals auf.
2. Versuchen Sie, keine Kommentare über seine äußere Erscheinung zu machen, auch keine positiven. Eine junge Person mit einer Essstörung wird daraus schließen, sie habe zugenommen und sei nun »fett«.
3. Machen Sie Ihrem Kind keine Vorwürfe. Sie würden ihm auch keinen Vorwurf machen, wenn es Diabetes, Asthma oder Krebs bekommen hätte. Diese Krankheiten unterscheiden sich in keiner Weise von einer Essstörung – sie haben nur ein anderes Erscheinungsbild.
4. Machen Sie kein Drama aus den Mahlzeiten. Sie sollten so ungezwungen und freundlich ablaufen wie möglich, damit Ihr heranwachsendes Kind nicht anfängt, das Essen zu hassen. Bieten Sie ihm in aller

Ruhe an, hin und wieder einen kleinen Imbiss zu sich nehmen.

Was können Sie noch tun?

Zunächst einmal können Sie sich Hilfe bei Ihrem Allgemeinarzt holen. Wenn er Ihr Kind kennt, ist er vielleicht derjenige, der den am besten geeigneten Therapieweg vorschlagen kann. Es gibt zahlreiche Beratungsdienste für Kinder und Jugendliche (bis zu 18 Jahren) und ihre Familien. Sie arbeiten mit Psychologen, Psychiatern, Sozialpädagogen, Krankenschwestern, Beschäftigungstherapeuten und Sprachpathologen zusammen. Erkundigen Sie sich bei Ihrem Allgemeinarzt oder Ihrer Krankenkasse nach den zuständigen Adressen.

Ein paar Gedanken über Suizid

Ein weit verbreitetes Thema, mit dem sich Jugendpsychologen zu beschäftigen haben, ist der Suizid von Jugendlichen. Als Vater von zwei Jungen ist mir der Gedanke, sie könnten sich das Leben nehmen, zu grauenhaft, um ihn überhaupt in Erwägung zu ziehen. Alle Eltern sollten die Anzeichen kennen, die darauf hinweisen, wenn ein Heranwachsender sich mit einem solchen Vorhaben trägt. Ehe ich einige anführe, will ich hier ein paar wichtige Dinge klarstellen.

Es ist kein Trost für die Familien der Jugendlichen im Alter von 15 bis 24 Jahren, die sich das Leben nahmen; doch möchte ich hier herausstellen, dass sich insgesamt die Zahl der Personen, die sich das Leben nahmen, in den vergangenen Jahren stark verringert hat. Das heißt nicht, dass wir uns auf unseren Lorbeeren ausruhen können, aber wir sind eindeutig auf dem richtigen Weg.

Warum?

Fast jeder hat seine bevorzugte Theorie darüber, warum junge Menschen sich selbst das Leben nehmen; das geht von mangelnder religiöser Verankerung, defizitärer Erziehung, Heavy-Metal-Musik und Farbstoffen in Lebensmitteln bis hin zum Schulsystem. Tatsächlich aber versteht man den Selbstmord am besten als Endpunkt einer Reise, die an vielen verschiedenen Orten beginnen kann.

Allen, die nach einer einfachen Präventionsstrategie suchen, sei gesagt, dass es keinen bestimmten Kausalzusammenhang gibt, kein »Wenn – dann«. Während einige Jugendliche, die sich das Leben nehmen, anderen Menschen ihre Absicht zuvor deutlich und wiederholt zu verstehen geben, tun viele Jugendliche dies niemals, sondern handeln ganz spontan – manchmal unter dem Einfluss von Alkohol oder Drogen –, verbergen ihre Pläne und bieten somit ihren Angehörigen keine Gelegenheit zu intervenieren. Quälend für so viele Familien ist, dass es eben *kein* typisches Profil für einen suizidgefährdeten Jugendlichen gibt.

Doch es ist bekannt, dass ein Großteil aller Jugendlichen, die suizidgefährdet sind, an irgendeiner psychischen Erkrankung leiden, sehr oft an Depressionen, die gemeinsam mit anderen Risikofaktoren eine potenziell todbringende Kombination ergeben. Diese Risikofaktoren können beispielsweise antisoziales Benehmen (manchmal Verhaltensstörung genannt) und/oder den Missbrauch von Alkohol oder anderen Drogen mit sein. Eine wichtige Rolle können überdies gestörte oder unglückliche Familienverhältnisse und belastende Ereignisse im Leben (zum Beispiel das Scheitern einer Beziehung oder ein Trauerfall) spielen oder wenn sich im nahen Umfeld eine Person das Leben genommen hat, ein Familienmitglied oder ein Freund.

Psychologische Untersuchungen zeigen: Je mehr Risikofaktoren vorhanden sind, desto gefährdeter ist ein Mensch. Die Komplexität des Problems zeigt sich besonders darin, dass die meisten Jugendlichen, die einen oder mehrere gravierende Risikofaktoren aufweisen, nicht versuchen, sich umzubringen, wohingegen andere mit geringfügigen Risikofaktoren es tun. Worauf also sollten Sie Ihr besonderes Augenmerk richten?

Eltern können – wie ich immer wieder betone – am meisten für das Wohlbefinden junger Menschen tun, indem Sie einen guten emotionalen Kontakt zu ihnen halten.

Wenn Kinder und Heranwachsende sich in ihrer Familie geliebt fühlen, dann haben sie einen Platz zu Hause; sie werden dann zwar Grenzen austesten, aber ihre Risikobereitschaft wird nicht so gefährlich und unheilvoll sein. Anstatt also das Verhalten Ihres Kindes nur zu beobachten, sollten Sie ihrem emotionalen Leben Aufmerksamkeit schenken. Achten Sie auf Veränderungen im Verhalten, die Ihnen merkwürdig vorkommen oder unvorhergesehen sind (siehe »Warnzeichen« im Kapitel »Depressionen und andere psychische Probleme«).

Zudem besteht bei Teenagern, die depressiv sind, ein größeres Risiko, sich selbst das Leben zu nehmen. Wenn ein Jugendlicher sagt »Ich bringe mich um« oder »Ich nehme mir das Leben«, sollten Sie diese Äußerung immer ernst nehmen und einen Psychologen nach seiner Einschätzung fragen.

Auch wenn es vielen von uns Unbehagen bereitet, über den Tod zu reden, so sollte doch erwähnt werden, dass es hilfreich sein kann, unser heranwachsendes Kind zu fragen, warum es deprimiert ist oder warum es an Suizid denkt. Denn anders als manche Menschen fürchten, bringt man den Heranwachsenden damit nicht etwa erst auf bestimmte Gedanken, sondern man beweist ihm mit einer solchen Frage, dass man sich um ihn kümmert, und gibt ihm zudem die Chance, über seine Probleme zu sprechen.

Sorgen Sie gut für sich selbst

Kindern eine gute und richtige Erziehung zu geben bedeutet nicht, dass man sich selbst ständig aufopfern
muss. Alle Eltern haben das Bedürfnis nach Intimität,
nach Stunden der Zweisamkeit mit ihren Lebenspart-
nern, nach Erholung und nach Zeit, die sie allein verbringen können. Sorgen Sie dafür, dass einige Ihrer ei-

ZEIT FÜR ALLE

ZEIT FÜR MICH

genen Bedürfnisse befriedigt werden – und es wird Ihnen viel leichter fallen, Geduld für Ihren Sprössling aufzubringen und ihm konstant und gleichmäßig zur Verfügung zu stehen.

4 Strategien, wie Sie sich Erziehungsstress vom Leib halten

1. Nehmen Sie sich Zeit

Die meisten Ihrer Alltagsaktivitäten werden länger dauern, wenn Sie ein oder mehrere heranwachsende Kinder haben. Nehmen Sie sich genügend Zeit dafür, damit Sie sich nicht gehetzt fühlen. Wenn wir gestresst sind, werden wir angespannt und unruhig, und das ist ansteckend. Ihre Kinder werden besser reagieren, wenn weniger Druck herrscht.

2. Machen Sie immer wieder den Schnell-Check: »Ist es das wirklich wert?«

Es lohnt sich nicht, lange darüber zu diskutieren, ob die Teller noch in der Spüle stehen oder ob sie in die Geschirrspülmaschine geräumt worden sind. Sparen Sie sich Ihre Energie für Dinge, die für die Gesundheit Ihres Teenagers und für das Wohlergehen Ihrer Familie von Belang sind. Halten Sie sich nicht mit Kleinigkeiten auf.

3. Denken Sie positiv

Das gilt für Ihr heranwachsendes Kind genauso wie für Sie selbst: Wenn die Gespräche, die Sie mit sich selbst führen, positiv sind, dann werden Sie ruhiger und entspannter sein. Sagen Sie beispielsweise zu sich selbst »Ich werde das schaffen« oder »Ich bin gut darin, Entscheidungen zu fällen«, dann werden Sie sich ermutigt und weniger gestresst fühlen. Negative Gespräche mit sich selbst wie »Das ist ja fürchterlich«, »Ich sehe keinen Hoffnungsschimmer« werden das Gegenteil bewirken und Ihre Zuversicht verringern.

4. Nehmen Sie sich auch im Alltag Zeit für Entspannung

Hören Sie ruhige, entspannende Musik oder auch ein Hörbuch, und gönnen Sie sowohl Ihrem Geist als auch Ihrem Körper immer wieder Pausen. Ihren Kindern wird es guttun, wenn Sie jeden Tag eine gewisse Zeit zum Ausruhen einplanen, und Ihnen auch. Machen Sie außerdem einfache Entspannungsübungen.

Ruhig bleiben

Es ist unvermeidbar, dass Sie sich zuweilen am Ende Ihrer Kräfte fühlen und dass Sie etwas tun müssen, damit Sie wegen Ihrer Teenager nicht die Nerven verlieren. Hier sind ein paar praktische Tipps, die andere Eltern nützlich gefunden haben in Situationen, in denen es darum ging, nicht »auszurasten«, sondern die Beherrschung zu bewahren:

- Telefonieren Sie mit einer Freundin oder einem Freund oder einem Familienmitglied.
- Gehen Sie ein wenig an die frische Luft.
- Zählen Sie bis zehn, und fragen Sie sich dann: »Fühle ich mich ruhig?« Wenn die Antwort nein lautet, dann zählen Sie weiter, bis Sie ja sagen können.
- Lachen Sie laut. Lachen löst Spannungen.
- Legen Sie Ihre Lieblingsmusik auf.
- Investieren Sie Ihre Energie in eine große Putzaktion.
- Trinken Sie ein Glas Wasser, oder kochen Sie sich eine Tasse Tee.
- Denken Sie an schöne Stunden, die Sie mit Ihren heranwachsenden Kindern erlebt haben.
- Rufen Sie sich die großen Gefühle ins Gedächtnis, die Sie erlebten, als Ihr Kind oder Ihre Kinder geboren wurden. Sehen Sie sich beispielsweise ein Fotoalbum mit den Kinderfotos an, oder blättern Sie ein Tagebuch durch, das Sie zur Zeit der Geburt führten.

▪ Wenn all das nichts nützt, sollten Sie einfach direkt eine Familienberatung oder zum Beispiel die Telefonseelsorge anrufen, die Ihnen Unterstützung bietet.

Schluss: Es ist ein Balanceakt

Obwohl alle jungen Menschen nach Unabhängigkeit und Autonomie streben, geht es bei einer sinnvollen Erziehung darum, ein Gleichgewicht zu finden: Einerseits sollten Sie Jugendlichen eine Privatsphäre zugestehen und andererseits eine gute Beziehung zu ihnen unterhalten. Obwohl Ihre heranwachsenden Kinder immer wieder versuchen werden, Sie abzuweisen, sollten Sie nicht zulassen, dass sie Sie ganz und gar ablehnen. Hämmern Sie auch weiterhin gegen ihre Tür: Je mehr sie versuchen, Ihnen die Tür vor der Nase zuzuknallen, desto beharrlicher sollten Sie weiterklopfen. Worauf es ankommt, ist, Fragen zu stellen, die den jungen Menschen zeigen, dass jemand wirklich Interesse an ihnen hat.

Vor gut 50 Jahren sagte der weltweit berühmte amerikanische Kinderarzt Dr. Benjamin Spock den Eltern: »Sie wissen mehr, als Sie selbst wissen.« Vieles, was in diesem Buch steht, beruht lediglich auf gesundem Menschenverstand – wir alle brauchen jemanden, der uns daran erinnert.

Und eines sollten Sie nie vergessen: Alle Familien haben Probleme …

»Als ich 14 war,
war mein Vater so dumm,
dass ich ihn kaum ertragen konnte.
Aber als ich 21 wurde,
war ich doch erstaunt,
wie viel der alte Mann in 7 Jahren
dazugelernt hatte.«

Mark Twain

Die Nummer gegen Kummer bzw. das Kinder- und Jugendtelefon ist in **Deutschland** kostenlos, der Anruf erscheint nicht auf der Telefonrechnung, so dass die Anruferin oder der Anrufer anonym bleiben kann:
Telefonnummer für Kinder: 0800 111 0333
Telefonnummer für Eltern: 0800 111 0550

147 Rat auf Draht bietet in **Österreich** Kindern, Jugendlichen und deren Bezugspersonen anonyme psychologische Beratung vom Handy und Festnetz ohne Vorwahl und kostenlos:
Telefonnummer: 147
http://rataufdraht.orf.at

Der Kindernotruf ist in **Österreich** kostenlos und anonym:
Telefon: 0800 567 567
www.kindernotruf.at

pro juventute bietet in der **Schweiz** kostenlos und anonym Telefonhilfe:
Telefonnummer: 147

Therapeuten in Ihrer Nähe finden Sie in Deutschland beispielsweise unter diesen Links

Psychotherapeutensuche des Berufsverbandes Deutscher Psychologinnen und Psychologen:
http://www.psychotherapiesuche.de/therapeutensuche

Bundespsychotherapeutenkammer:
http://www.bptk.de/patienten/index.html

Adressen für Drogenberatungsstellen

In Deutschland
Bundeszentrale für gesundheitliche Aufklärung:
http://www.bzga.de/service/beratungsstellen/suchtprobleme

www.drugcom.de
ist ein niedrigschwelliges Internet-Projekt, das drogenaffine Jugendliche u. a. dazu anregt, den eigenen Drogenkonsum kritisch zu reflektieren und ggf. zu verändern.

In Österreich
http://drogenhilfe.at

Adressen für Beratungsstellen in Deutschland
wegen Essstörungen nach Postleitzahlen suchen:
http://www.bzga-essstoerungen.de

Adressen für Beratungsstellen, Kliniken und
Selbsthilfegruppen in Deutschland, Österreich
und in der Schweiz wegen Essstörungen:
http://www.hungrig-online.de/cms/index.php/
adressverzeichnis

Bundesverband der Eltern, Freunde und
Angehörigen von Homosexuellen e. V. (bEFAh):
http://www.befah.de

Lesben- und Schwulenverband in Deutschland
(LSVD):
http://www.lsvd.de

Register